STEM（ステム）教育を目指す理科

—その考えと実験事例—

～楽しい基礎レベルの電気・磁気実験の展開～

山岡武邦 監修・著　大隅紀和・梅本仁夫 著

東洋館出版社

はじめに

本書には、理論と実践が融合することを常に意識しながら、自由な討論や創造的な思考ができる講義や、学校現場との連携、フィールドワーク等、楽しく学ぶことができる場の提供を行うことができるための多くのヒントが書かれています。想定している主たる読者は、教員志望の大学生や若い研究者ですが、本書に記載した数々のヒントは、STEM 教育に関心のある一般読者にとっても大変有益な情報になると思われます。以下に、本書をめぐる経緯を紹介します。

私は、1999 年、筑波大学大学院教育研究科教科教育専攻理科教育コース（修士課程）に入学し、長洲南海男先生のご指導のもとで、STS“Science, Technology, Society”教育を学びました。その後、約 18 年間、中学校及び高等学校において理論と実践の融合を模索し続け、教科横断的内容を含む視点で指導に携わってきました。さらに、2013 年当時、現職を継続しながら、理科授業中の問いかけに関する研究を深化、発展させる目的で、兵庫教育大学大学院連合学校教育学研究科（博士課程）に入学し、松本伸示先生のご指導のもとで、問いかけの研究成果を踏まえながら理科授業デザインについて検討を行い、博士号（学校教育学）を取得しました。2019 年以降は、大学において、実践的教職能力を身に付けた人材育成等に携わっています。

なお、博士課程入学前の 2010 年頃、高等学校教育現場においても、米国から提唱された STEM“Science, Technology, Engineering, and Mathematics”教育の思潮が話題になりはじめてきました。はじめて STEM 教育のことを聞いたとき、STS 教育と STEM 教育は、教科横断的な視点など共通する部分は多いため、これらは、繋がりのある教育改革だと思っていました。ただ、STEM 教育を学ぶにつれて、両社は、完全に連続する教育改革ではないことに気が付いてきました。STEM 教育は、教科、校種、学年の枠組みを超え、生涯学習の要素を含んだものです。また、STEM 教育の実践手法は、米国の STEM 教育の理論的支柱である“K-12 科学教育のためのフレームワーク（以下、「K-12 フレームワーク」という)”に示されています（National Research Council of the National Academies, 2012)。このK-12 フレームワークによれば、学習とは、領域コア概念、領域横断概念、プラクティスの3つの次元を持つものと説明されています。具体的には、理科・技術科における断片的領域コア概念を結合させる道具としての数学を用いながら反復練習を行うことで、領域横断概念として結合させた知識を獲得する過程のことです。領域横断概念を結合させる道具としての数学は、新たな疑問を生じさせる契機になるものと考えられます。つまり、STEM 教育とは、自然現象を記述する理科、ものづくりやデザインを行う技術科、さらに、道具としての数学を扱う教育なのです。

STEM 教育を軸とした教育研究は、分析対象の拡充や、観点の精緻等、詳細に検討を重ねることで、幅広く展開することが可能であり、教育的、社会的に意義深い理科教育研究になると同時に、グローバルに展開可能な内容領域です。そうした中、2019 年末に新型コロナウイルス感染症（COVID-19）が、パンデミックと言われる世界的流行となりました。おそらく世界中の人々が、余儀なく生活の変化を強いられたことと察しています。大学教員であった私の場合は、授業がオンラインで実施したり、出張は激減したりする、などの変化がありました。その時に考えたことの一つに、パンデミック後の自分、というのがあります。疑う余地もなく、STEM 教育は、グローバルな展開がキーポイントになります。国際学会等で、日本国内だけの実践を諸外国に紹介したところで、諸外国の研究者達に与えるインパクトは少ないのではないかと考えるようになりました。そのため、パンデミック後に、英語をペラペラに話しながら、世界基準の視点で STEM 教育に関する提案を行っている自分の姿を想像することにしました。そこで、発想を転換し、出張が減少したことを前向きに捉え、時間が増えた事実を最大限活用し、オンライン英会話を、毎日夜9時から11時までの2時間は必ず実施する、という習慣を身に付けるよう心掛けたのです。語学習得のポイントは、楽しんで、そして、継続して行う、ということに尽きます。この習慣は、私にとって、とても楽しいものであり、現在は、英語習得が目的というよりも、ほとんど趣味というような感覚で継続しています。この楽しみながら学習を継続するという感触は、STEM 教育に対する取り組みも全く同じものだと考えています。楽しみながら継続する、という学習に対する姿勢は、間違いなくキーポイントになると思います。

以上のように、パンデミック以降は、英語学習と STEM 教育を同時に、楽しみながら継続して学びつつ、教育実践を行うことを目標にして生活していました。そうした意識を持っていた中、2022 年 6 月に OES 研究所の巻線機に出会ったのです。これは、私にとって大変刺激的な出来事でした。同年 7 月、実際に大阪の OES 研究所を訪問し、STEM 教育について勉強をする機会を得ました。そこで学んだコンテンツは、既に海外（タイ国）で実践されていただけでなく、コロナ禍においても、オンラインを活用しながら継続的に海外の専門家と情報交換がなされているという事実を知った際は、非常に衝撃を受けました。ざっくりと言えば、これから私が 10 年以上もの歳月をかけて挑戦していきたい、と思っていた現実が、目の前にあったのです。そこで、急遽、OES 研究所で学んだ教材を用いて、2022 年 7 月勤務校の大学で授業実践を行うとともに、同年 8 月、フィリピンの学校を訪問し、フィリピンの大学教師に向け、この教材の紹介を行った、という経緯があります。

なお、STEM 教育には、本書に先行する双書とも言える「未来のイノベータを育てる STEM 教育」（大隅紀和著、PHP エディターズ・グループ 2023 年刊）があります。本書 PART 2 と PART 3 には、同書に掲載済みの写真や図などを部分的に引用しています。

この点については、(1) PART 2 と PART 3 が本書の分担執筆者であること、そして、(2) UNESCO-SEAMEO（東南アジア文部大臣機構）の STEM 教育センターが実施したタイ国教師向けワークショップの紹介につながること、また、(3) 筆者らが今後、日本の STEM 教育の適切な進展への思い入れによっていること、という背景があります。これらに鑑みて読者の方々のご了解をお願いしたいと思います。

2022 年 11 月　編集代表者　山岡武邦

目　次

PART 1

これからの理科教育と STEM 教育のために
―STEM 教育に対応する理科教育の実践に向けた「電気の基礎実験」―

PART 2

STEM 教育に対応する

—手作り機材で楽しむ実験　面倒な実験を楽しくする—

「手振り発電パイプ」と「巻線機ジョイ」

PART 3

手作り機材の制作をサポートする
—基本パーツの見直しと準備　楽しくなる基礎レベルの電気実験—
その機材準備のノウ・ハウ

関連事項・参考図書 140

関連資料・情報 143

OES 研究所・岸和田工房、頒布機材リスト

PART 1

これからの理科教育とSTEM 教育のために

―STEM 教育に対応する理科教育の実践に向けた「電気の基礎実験」―

PART 1　はじめに

日本における自然科学教育の実施方法は、初等中等教育と高等教育とで大きく異なっている。具体的には、前者は学習指導要領に準拠する形で教科書を含むほぼすべての教材が開発されており、それに対する知識理解が学習の重要な柱の一つになっている。後者は教育機関の教育方針に従って教科に捉われない形で教材が開発されており、基礎・基本の重視が学習の重要な柱の一つになっている。こうした違いを克服していくための新基準の策定としては、日本経済団体連合会（2014）や、文部科学省（2015）による理工系人材育成戦略等で述べられている取り組みが参考になる[(1)、(2)]。例えば、理工系人材育成戦略では、初等中等教育における創造性・探究心・主体性・チャレンジ精神の涵養等が謳われており、これは実質的に、欧米のSTEM "Science, Technology, Engineering, and Mathematics" 教育を参考に、日本独自の取り組みを加味したものであると考えられる。端的に言えば、STEM教育とは、教科、校種、学年の枠組みを超えた探究活動、課題解決、創造性の育成、共同研究等に通じる教育のことである。具体的には、断片的な概念を紡ぎながら新しい概念を生成し、疑問が解決されるとともに、新たな疑問が生起されるものであり、自学を含めた継続的学習により高い総合的概念を獲得できる教育なのである。実際に、探究活動の中で、議論を深め、最終的には自学ができるような実践を行うことは大変意義深いと考えられる。

そこで、私は、2015年頃から、STEMの実践手法を参考にしながら、永久ゴマ、LEDを用いたIC工作、3Dプリンターを用いた結晶構造モデルの製作、等を事例として、初等中等教育現場で多くの実践を積み重ねながら試行錯誤を重ねてきた。そうした中で、2022年6月にOES研究所の巻線機に出会い、同年7月、実際に大阪のOES研究所を訪問し、STEM教育について勉強をする機会を得た。そこで学んだコンテンツは、既に海外（タイ国）で実践されていただけでなく、コロナ禍においても、オンラインを活用しながら、継続的に海外の専門家と情報交換がなされているという事実を知り、大変よい刺激を受けることができた。その後、OES 研究所で学んだ教材を用いて、2022 年 7 月勤務校の大学で授業実践を行うとともに、同年 8 月、フィリピンの学校を訪問し、フィリピンの大学教師に向け、この教材の紹介を行ったという経緯がある。

PART1 では、2015 年以降に取り組んできた STEM 教育における理論研究の成果、及びそれを踏まえた STEM 教育の初等中等教育における実践や、さらに、OES 研究所の STEM 教材を用いて国内外の大学において実践してきた内容を紹介していきたい。

| CHAPTER |

1 STEM 教育とは何か

1-1 K-12 フレームワークにみられる実践手法

欧米で実績があるSTEM教育における理論的支柱であるK-12フレームワーク（全米研究評議会、NRC；National Research Council of the National Academies, 2012）によれば、発問は科学的思考を促進させるものであると述べられている[3]。実際に、日本においても、例えば、白濱ら（2016)、奥村ら（2018）のように、STEM教育を手掛かりに、認知的葛藤を生起させ、高次思考を促進させる等の教授方略を活用しながら、子どもの興味・関心を惹きつけるSTEM領域の授業が数多く提案されている[4]、[5]。探究活動の中で議論を深めながら、子どもたち自身が新たな疑問を生じ、次の学習へと繋げる実践である深い学習は大変意義深いものであると同時に、日本の教育は、STEM教育の学習過程の文脈に通じるものがある。実施に、平成30年告示の高等学校学習指導要領（文部科学省、2019）では、平成21年告示の高等学校学習指導要領（文部科学省、2009）において新設された科目「理科課題研究」の内容を踏まえて、共通教科「理数」が発展的に新設されたという経緯がある[6]、[7]。つまり、これまで以上に生徒の高次思考を促進する探究活動を通した深い学びが求められている。この探究過程を通した深い学びは、探究としてのプラクティスにおけるSTEM教育の学習過程の文脈に通じるものがあるといっても過言ではない。そのため、プラクティスに関する理論的解明や実践的研究は大変意義深いと考えられる。

K-12フレームワークによれば「発問は、科学と工学を推進するエンジンである。発問は、科学的思考習慣の促進のために不可欠なものである。」と述べられており、発問は、理論的解明や実践的研究の手がかりになるものであると思われる。STEM教育の実践手法を参考に、全米科学教師協会（NSTA, 2015）による発問に焦点化した科学的探究（プラクティス）の意義についてまとめると

表 1-1 のようになる[8]。

表 1-1 STEM 教育における科学的探究（プラクティス）の実践手法

プラクティス	K-12 フレームワーク	NSTA による発問に焦点化した科学的探究の意義
第一段階	発問する。 問題を定義する。	「なぜ。」「どれくらい時間がかかるの。」「どうやって分かるの。」など、子どもたちは日々、多くの疑問がある。そのため、科学の授業は好奇心を促進させる最適の場所となる。
第二段階	モデルを創り、使用する。	子どもたちが科学概念を理解したことを説明するために、モデル化し、使用していくことを促す。
第三段階	調査を計画、実行する。	子どもたちに答えを探させるのではなく、子どもたち自身がトピックを探究し、新たな疑問を生起させることを推奨する。
第四段階	データを分析、解釈する。	発問に発問を重ね、概念分析に必要なより深いレベルの思考をもたらす。
第五段階	数学、数学的思考をする。	実験で集めたデータを整理するために、表やグラフを作成する。
第六段階	説明を構築する。	問題を解決し、現象や観察結果を説明するため、科学リテラシーを高める必要がある。そのために、自身の学びの目的を知り、説明を構築していく必要がある。
第七段階	証拠に基づき議論する。	議論に議論を重ね、最初の発問を超え、概念を統合し、大きなアイディアを結びつけるための思考を推進する。
第八段階	情報を入手し、評価する。 情報を基に話し合う。	子どもたちからの発問は、さらなる探究を促し、学習のサイクルを促進させる。また、子どもたちの幅広い発想が、教科を超えた繋がりを生んでいく。

K-12 フレームワークによれば、学習とは、領域コア概念、領域横断概念、プラクティスの 3 つの次元を持つものである。具体的には、図 1-1 に示すように理科・技術科における断片的領域コア概念を結合させる道具としての数学を用いながら反復練習を行うことで、領域横断概念として結合させた知識を獲

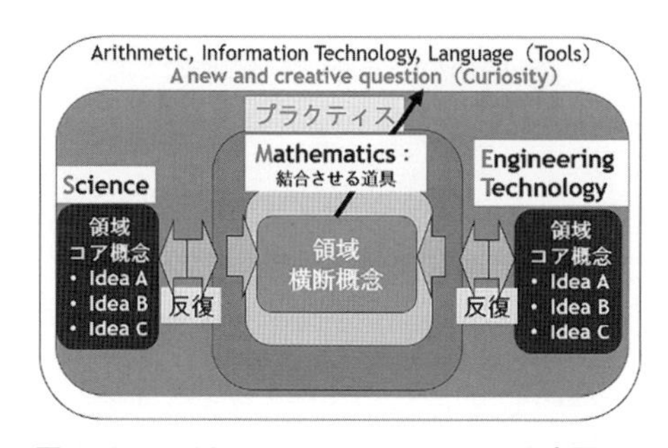

図 1-1　K-12 フレームワークの 3 つの次元

得する過程のことであると示されている。領域横断概念を結合させる道具としての数学は、新たな疑問を生じさせる契機になると考えられる。なお、Bruner（1961）が、どの教科でも、知的性格をそのままにたもって、発達のどの段階のどの子どもにも効果的に教えることができるという、子どもは豆科学者であるという考え方で示されているとおり、基本的な探究としての学習過程は、学校種によって大きな違いはないと考えて差し支えない(9)。そこで、この**図 1-1** を基にした図を学校種ごとに描き、従来の学びを示したものが**図 1-2** であり、K-12 フレームワークの学びを示したものが**図 1-3** である。

従来の学びは、**図 1-2** に示すように、小学校、中学校、高等学校の各学校種で学ぶとともに、入試や考査などの刺激を行ってきた。ただ、この図はあくまでも模式的に示したものであり、教育現場には様々な工夫がみられた。例えば、1950 年代から 1970 年代に先進諸国でなされた科学教育のカリキュラム改革運動や、1980 年代から 1990 年代にかけて大いに進展した学習論としての構成主義を取り入れてきた STS 教育、1990 年代のクロス・カリキュラムを志向したエネルギーと環境に関する教育などが挙げられる。また、それぞれの学習場面で、学習者が楽しかった、という感想を持つような報告は枚挙に暇がない。ただ、梶田（1983）は、上級校入試の圧力のために実際の教授・学習活動はバランスを失っていると指摘しているように、入試に代表される教育

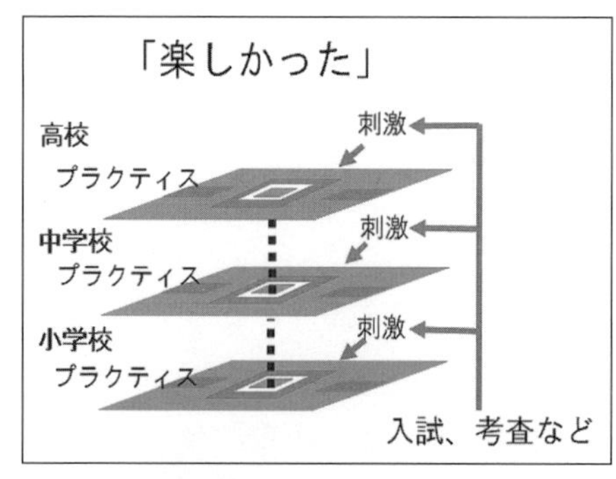

図 1-2　従来の学び

評価が教師や生徒一人ひとりの思考を制約する重要な要因となっていたことが考えられる(10)。小川（2006）は、科学現象自体の楽しさと、現象の背後に潜む規則性・法則性といったものに対する楽しさというように質の異なる「楽しさ」が2種類あることを指摘している(11)。つまり、「楽しい」の先にある知的好奇心が刺激され、新たに生成された疑問が次の学習にある「楽しさ」へと繋がっていく学習になっていたかどうかは別問題であると考えられる。

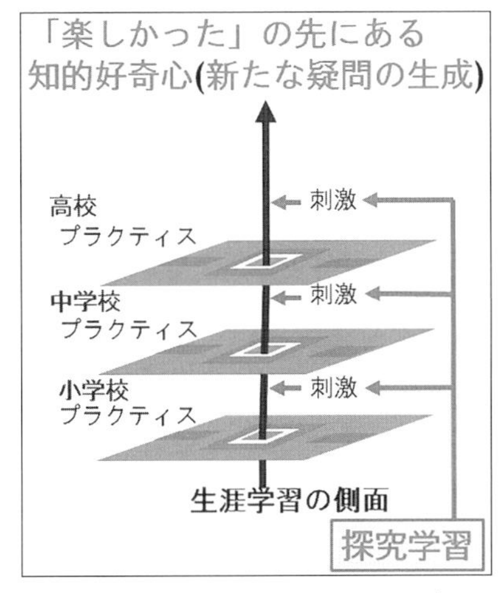

図 1-3　K-12 フレームワークの学び

一方、K-12 フレームワークの学びは、**図 1-3** のように、新たな疑問が生起され、自学を含めた継続的学習により、高い総合的概念を獲得できる教育を提案するとともに、科学的思考を促進させる教師の発問の重要性について述べている。探究活動の中で議論を深めながら、子どもたち自身が新たな疑問を生じ、次の学習へと繋げる実践は大変意義深いものであると考えられる。学問としての美しさや鑑賞する心を追究するための数学というよりも、領域コア概念を領域横断概念へと結合させる道具としての数学を使いこなすことが創造的で新たな疑問を生成させると考えられる。このように STEM 教育は、自学を含めた継続的学習で、総合的概念を獲得できる教育なのである。つまり、これまで以上に生徒の高次思考を促進する探究活動を通した深い学びが求められている。この探究過程を通した深い学びは、探究としてのプラクティスにおける STEM 教育の学習過程の文脈に通じるものがある。そのため、プラクティスに関する理論的解明や実践的研究は大変意義深いと考えられる。

1-2 全米科学教師協会が提案する問いの活用手法

全米科学教師協会（NSTA，2015）は、発問が科学と工学を繋げる強力な学習ツールであると述べ、発問、探究、評価を絡めたパワフルプラクティスモデルを提案した[12]。その具体例をまとめたものが、**表1-2**である。

表1-2 パワフルプラクティスモデルの具体例

発問	学習ユニットを立ち上げるための発問。 【例】植物はどのように働きますか。
探究	探究を導くための発問。 【例】植物の働きを調べるためにはどうしますか。
評価	事前の知識やパフォーマンス評価のための発問。 【例】植物について何を知っていますか。

なお、例に示した発問は、説明を構築し、解決策を設計するための教師による最初の発問で、話し合いの中で生まれた発問とは異なるものである。つまり、教師は1つの発問から始めるが、学習者に答えを探させるのではなく、学習者自身がトピックをさらに探究しながら他の発問を提起することを促すものである。新たな疑問の生成は、次の学習に繋がりを出していく重要な学習活動なのである。実際に、欧米のSTEAM領域を意識した科学の実践においては、科学概念等の本質について、学習者自身が科学者として探究できる発問で構成される傾向にある。特に、探究活動の中で議論を深める過程で生じる新たな疑問を次の学習へと繋げることを推奨していることは注目に値する。したがって、実際の授業場面で、発問、探究、評価を絡ませながら、深い学習に潜む学習過程の文脈を明らかにするような研究を積み重ねていく必要があると考えられる。

CHAPTER

2 STEM 教育の実践に向けた「電気の基礎実験」―永久ゴマに焦点化した実践事例―

2-1 自然の理解に通じる知的好奇心を促進させるために

学習とは「面白い、楽しい。」から始まり、さらに「面白い、楽しい、の先にある知的好奇心を促進させたい。」という人間を成長させていくための営みである。ただ、入試や考査といったような外発的な要因を契機として、学ぶこともある。そこで、子どもたちがテストで高得点を獲得するための方法の一つに、暗記が有力な学習法となる場合がある。例えば、「新月からは右から満ちて、満月になるとまた右から欠けていく。右から生まれて右から消える。覚え方は、どちらも右から。」と説明すれば、月の満ち欠けが分かった気分になる。これは、デフォルメされた科学現象というパズルが目の前にあるようなものである。本来、パズルを解くことは、学習者の知的好奇心を刺激し、楽しいと感じるものである。しかし、それは必ずしも自然の理解に通じる知的好奇心であるとは限らない。現実問題として、暗記学習は、テストが終われば全て忘れるといったような側面もある。このような指導では、砂上に楼閣を建てるに等しいであろう。山岡（2003）は、物理の定期考査を事例として学習の定着度に関わる研究を行い、定着度の観点から、理科授業で、何故そのようになるのか説明せよ、というような原理的な事柄を中心にした教師の発問を活用することを提案している[13]。蓄積された知識を要領よく活用し、考査等の問題が解けることを目標にした暗記学習と、自然現象に関する原理・原則を問い続ける学習とでは大きな違いがある。この差異を学習者に認識させるためには、面白い、楽しいと感じることの先にある自然理解に通じる知的好奇心を促進させる必要がある。そのために、不思議だと感じる現象を観察できる教材の製作を事例として、自然現象に対する理解を深めるための科学実践を試みることは大変意義深いものである。

本節では、自然の理解に通じる知的好奇心を促進させるための方法として、認知的葛藤からはじめる自然現象との対話活動に着目することにした。認知的葛藤とは、バーライン（1970、橋本・小杉訳）によれば、疑い、当惑、矛盾、認知的不調和、混乱、不適切といったような型で説明されるものである[(14)]。Novak（1998）によれば、学校知と日常知を統合したり、意味づけをしたりする際に、二つ以上の相いれない考えが頭の中で適合できない状態が起こると述べている[(15)]。理科教育では、科学的な説明とは異なるが、子どもなりに筋道だった考え方で説明することができる概念という意味で、素朴概念という語が使われることがある。例えば、電池を理科学習として初めて取り扱うのは、小学3年生のときであり、そこでは豆電球に明かりをつける活動を行う。Osborne & Freyberg（1985）は、子どもたちは、教師が期待する科学的な考え方をいつもするとは限らないこと、及び年齢や学習経験にかなりの相違があるにおいても、その考え方はしばしばよく似ていることを報告している[(16)]。そのうえで、例えば、電池の理解に関する典型的な素朴概念については、**図2-1**、**図2-2**のようにまとめている。これらは、国内外を含め、育った環境が違ったとしても、同じような傾向が得られるという点が、非常に興味深いと考えられる。

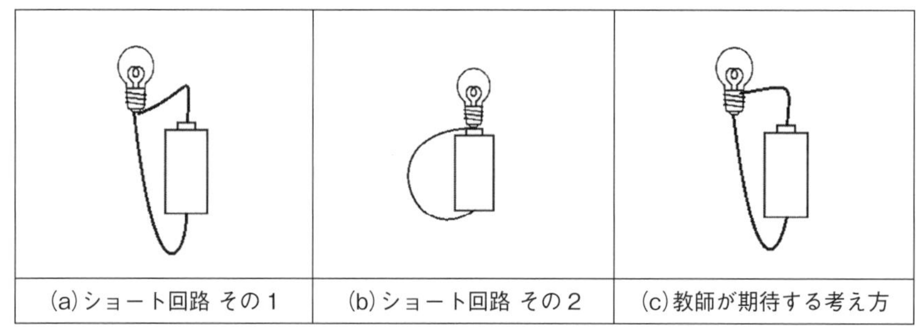

図2-1 豆電球に明かりをつけようとした試行

図2-1(a)(b)はショート回路そのものである。というのも、豆電球のフィラメントはタングステンという金属でできており、導線よりも電流が流れにくいからである。結果的に豆電球がつかないだけでなく、回路に大きな電流が流

れ、乾電池が熱くなったり、破裂したりする。山岡（2016）は、例えば、ごみ置き場で積層電池にアルミホイルが被さり火災が起きた事例や、積層電池をポケットに入れ、ポケットの中の10円玉に接触してやけどをした事例を紹介し、ヒューズを組み込んだ回路の教材を提案している[17]。**図 2-1**(c)は、豆電球に明かりをつけようとした試行における教師が期待する考え方である。

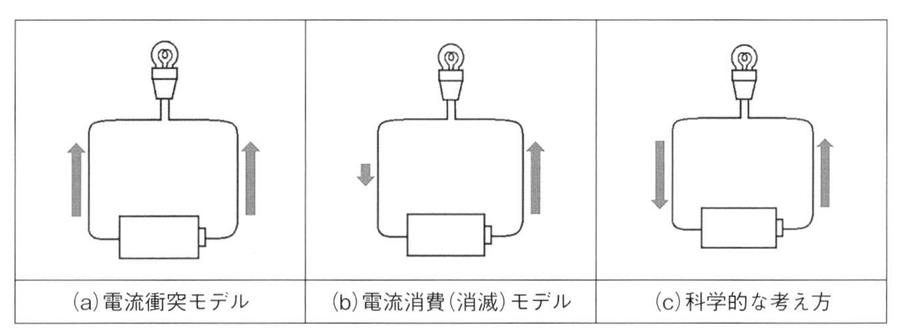

図 2-2　電気回路に関する典型的な素朴概念と教師が期待する科学的な考え方

図 2-2(a)は、電流が豆電球に向かって流れ、電流が衝突した際に豆電球が光るという電流衝突モデルである。**図 2-2**(b)は、電流は豆電球で消費されるという電流消費モデル及び、豆電球で消費された後、電流が流れないという電流消滅モデルを示している。堀（1998）は、物は使えば無くなる、という生活経験から築き上げられた考え方がこの根底にあると指摘している。つまり、教師の期待する科学的な考え方は、**図 2-2**(c)であるが、素朴概念というのは、子どもなりに筋道を立てた考え方で説明しており、非常にその修正は容易なものではないのである。山岡ら（2022）は、国立理科系大学生を対象とした調査結果から、素朴概念を抱く時期は、男女ともに小学生の時期が多いことを報告している。ただ、素朴概念の克服については、「(初等中等教育段階で）理科教科書を通じて学んでいるので、既に素朴概念は無い。」と考えるよりも、「まだ、素朴概念を用いた考え方はあるかもしれない。」と考える態度は重要であると述べている[18]。実際に、私は、中学校理科や高等学校物理を指導する中で、中学生や高校生においても、**図 2-2**(b)の電流消費（消滅）モデルのイ

メージを持っていた生徒たちが見られたのを記憶している。実際は、**図2-2**(c)に示すように、電流はプラス極から出て、豆電球まで行き、マイナス極に戻ってくるというものである。その際に、プラス極、マイナス極の両方の導線を流れる電流の量は同じである、という理解が必要である。

日常知と異なる現象を目の当たりにして、不思議さを感じる教材は多く存在する。その一つの具体例として、電磁石とリードスイッチを用いた「永久ゴマ」を事例とした実践を、小学校、中学校、高等学校で、試みた。なお、山岡ら（2016）はLED教材に関する実践を行う際、小学生がネジまきの難しさを感じている傾向を指摘した。そこで、試行錯誤を重ね、小学生のネジまきに関する実態を明らかにしたうえで、自然現象を不思議だと感じる点について分析し、科学実践の評価を行うことにした[19]。

日本では、全国各地で、子どもから大人まで楽しめる「科学実験」がデモンストレーション、参加型実験企画等で実施されている。そうした企画の一つに、科学実験や科学工作を一同に集め、来場者に楽しんでもらうイベントである青少年のための科学の祭典（以下、「科学の祭典」という。）がある。科学の祭典は、1992年より公益財団法人日本科学技術振興財団における科学技術館が主軸となって実施している科学イベントである。参加者は、未就学児から大学生まで幅広く見られるが、主に小学生の層が厚いのが一般的である。科学の祭典は、東京都では科学技術館で全国大会が、東京都以外の全国各地では地方大会が実施されている。なお、小川（1998）は、理科を西洋科学の伝統に関連した「科学」に関する教育（「科学」の教育、「ネオ科学」の教育）と、日本の伝統的な自然観に関連した「自然」に関する教育（「自然」の教育）に大別した[20]。日本の理科教育は、こうした異なる文化的伝統に関連した要素が、違和感なく含まれているものであり、世界の科学教育の一つのモデルであるとした。この理科の要素の中でも、科学的理論、科学的仮説、科学的事実に直接的に結びつかない実験や観察のことを、科学とは似て非なる「ネオ科学」の教育と呼んでいる。学習者からの何故という問いが、科学の原理ではなく、手品の種明かしを求めるような段階の教育である。科学と手品とは、種、仕掛けの有無という観点で一線を画しており、この段階における教師の対応は、極めて重要なものであるといえる。科学の祭典は「ネオ科学」に該当すると考えられる。

本章では、科学の祭典において、不思議だと感じることができる自然現象を観察できる教材を開発し、ネオ科学を有効に活用しながら、自然現象に対する理解を深めるための教材「永久ゴマ」の製作に関する実践を行うことにした。実際に「永久ゴマ」は、コマが回りつづけるという日常知とは異なる現象を目のあたりにすることができる。この意味において、本教材は、認知的な葛藤からはじめる対話活動がしやすい教材であると考えられる。

2-2　研究方法

2-2-1　実施時期と調査対象

図 2-3 に示すように、2015 年 10 月 31 日（土）から 11 月 1 日（日）にかけて、松山市総合コミュニティセンター（愛媛県）で開催された科学の祭典で「永久ゴマ」に関する科学工作の実践を試みた。演示講師として行った科学工作の参加者数の正確な数は把握できていない。しかし、科学工作の準備については、予め 300 個用意していたことと、科学の祭典が開催された 2 日間が終了した時点でわずかな余りしかなかったことから、約 250 名程度と推定された。参加者は、幼稚園児から大学生まで幅広く見られたが、主に小学生が多かった。その中で、保護者の許可が得られた小学生 139 名を対象に自由記述式のアンケート調査を実施し、これを分析対象とした。本節では、小学 1 年生から 6 年生までの児童を、低学年（小学 1・2 年生）、中学年（小学 3・4 年）及び高学年（小学 5・6 年生）に三分することにした。その結

図 2-3　科学の祭典の様子

果、調査対象である小学生139名の内訳は、低学年56名、中学年名54、高学年29名となった。

2-2-2 永久ゴマの製作方法

科学の祭典の主たる参加者層は小学生であるため、科学工作のレベルは、小学低学年に焦点化した。実際に、科学の祭典当日に、参加者全員に配布される実験解説集は、小学低学年を意識して構成されている（例えば、青少年のための科学の祭典松山大会実行委員会、2015）[21]。教材開発にあたっては、藤川ら（2011）の、できるだけ少ない部品で電気回路の基本的な要素を含んだ製作を主眼に、学習者の関心・興味を育てる教材を開発する、という方針を参考にすることにした[22]。この方針に従って、以下に永久ゴマの製作方法を簡単に紹介する。

まず、ドーナッツ型フェライト磁石と竹串を使ってコマを作る。次に、コイルを置く台座に、**図2-4**のような部品シールを貼る。

図2-4の斜線部分には、アルミテープを貼ることにした。回路の中にアルミテープを使用することで、アルミニウムが導体であることや、アルミテープを二重に貼ったときに電気が通らなくなるなど、と考える機会が容易に得られる。さらに、電気回路を指でなぞりやすくなるため、小学校高学年の電気回路の理解を促進させるための教材として活用できる。ただ、小学低学年を対象にした科学工作を想定しているので、半田づけは困難であると判断し、**図2-5**のようなリードスイッチとLEDの足の部分には、著者らが、あらかじめ半田づけしたものを用意した。さらに、半田づけは困難であるという同様の理由から、コードの接続は、**図2-6**のようにネジ止めにより行うことができるようにするため、スチレンボードを使用することにした。最後に、エナメル線の両端を約5cm残して鉄製のボルトに対して、一定の方向で巻き、コイルを作るようにした。**図2-4**の台座に示した①、②、③、④の4か所に、**図2-6**に示した方法で、ネジ止めによるコードの接続を行うものとした。以上の手続きで、**図2-7**のように完成品を仕上げることができる。

図 2-7 の「永久ゴマ」は、図 2-8 のようにコマが回りつづけるという日常知とは異なる現象を目のあたりにすることができる。この意味において、本教材は、認知的な葛藤からはじめる対話活動がしやすい教材であると考えられる。

2-2-3 ひとことアンケートの作成

保護者の許可が得られた小学生 139 名を対象に、実際に科学工作を行った後、自由記述式で回答させるアンケート調査を実施した。小学生対象であることと、科学の祭典当日のわずかな時間を活用したことから、A5 用紙 1 枚片面を用いて、短時間で回答可能な質問を用意した。実際に使用したアンケート調査用紙は、図 2-9 のとおりである。

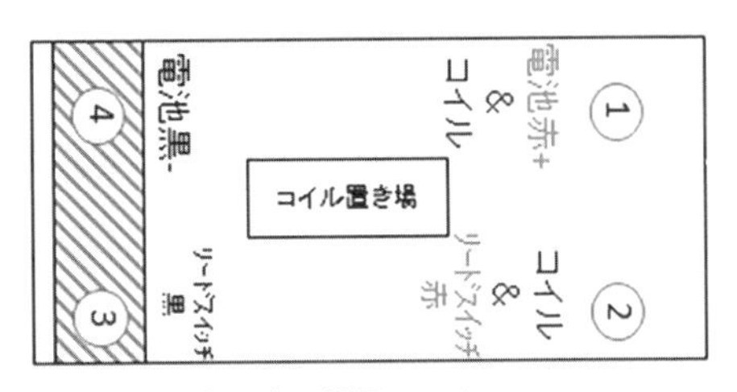

図 2-4 台座に貼る部品シール

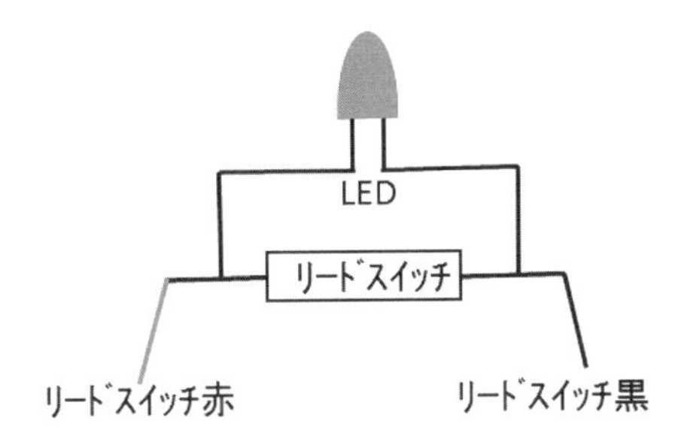

図 2-5 リードスイッチと LED

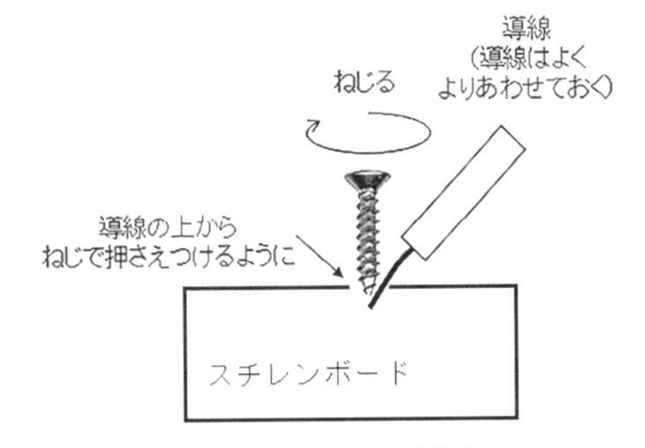

図 2-6 ネジ止めによるコード接続

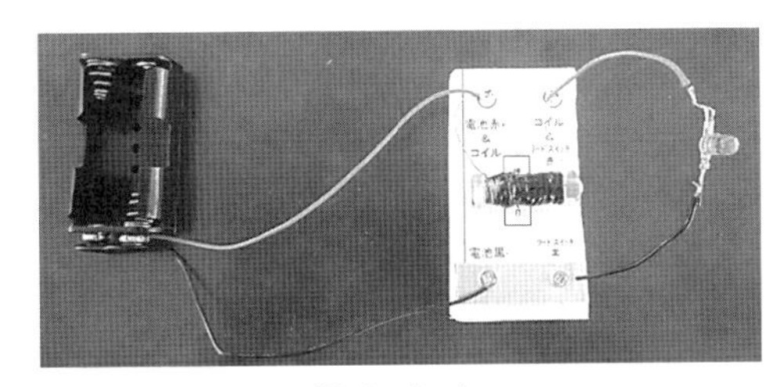
図 2-7 作成した「永久ゴマ」

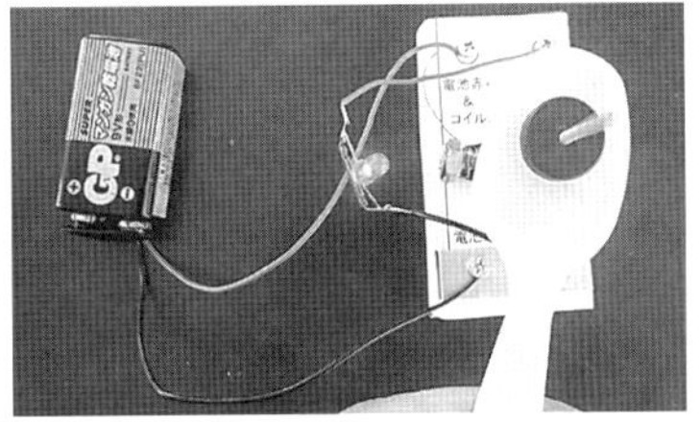
図 2-8 コマが回りつづける様子

ひとことアンケート　　　　　　　　　　　　　　　学年　小・中・高＿＿年

質問1　ネジしめについて
(1)　ネジしめ（ドライバー）はむずかしかったですか。

〔　　　　　　　　　　　　　　　　　　　　　　〕

(2)　今年に入って何回ドライバーを使いましたか。近いものに丸をつけてください。
【全く使っていない　1・2回　10回以内　10回以上】

(3)　使った人は、どこでドライバーを使いましたか。

〔　　　　　　　　　　　　　　　　　　　　　　〕

質問2　ふしぎだと感じたことは何ですか。

〔　　　　　　　　　　　　　　　　　　　　　　〕

質問3　むずかしいと思ったことについて
(1)　むずかしいと思ったことは何ですか。

〔　　　　　　　　　　　　　　　　　　　　　　〕

(2)　むずかしいと思ったことは、どうやればできますか。

〔　　　　　　　　　　　　　　　　　　　　　　〕

質問4　モーターとの違いは何ですか。

〔　　　　　　　　　　　　　　　　　　　　　　〕

ご協力ありがとうございました。

図2-9　アンケート調査用紙

図2-9に示すように、質問1は、ネジしめに関する基本的態度を、質問2は、不思議さという点で、日常知とは異なる現象かどうか、つまり認知的葛藤

を生起させる教材であるのかどうかを、質問3は、この教材の中にある難しさと、その課題解決方法を自分で探って試すことができるかどうかを、質問4は、原理の説明ができるかどうかを、問うことにした。

2-2-4　テキストマイニングによるひとことアンケートの分析方法

アンケート調査の結果に見られる記述内容の傾向を考察するために、自由記述が行われた箇所は全てテキスト形式で入力し、データベースを作成した。そのうえで、テキストマイニングの手法を用いて分析し、開発した教材を評価することにした。ここでは、樋口（2001-2015）が開発した計量テキスト分析システム KH Coder Ver. 2. beta. 32（以下、「KH Coder」という。）を用いた。KH Coder は、文章、音声、映像など様々な質的データを分析する方法で、内容分析の具体的な方法を積極的に取り入れながら、データの計量的分析を想定した分析を行うことができるといった特徴を持っている(23)。KH Coder は、テキスト全体を、これ以上分割することが不可能な形態素と呼ばれる単位に分割し、出現パターンの多い語を抽出することができる。さらに、抽出された語は円で描かれ、出現パターンが似通った円と円は、線で結ばれる共起ネットワークを描くことができる。これは、出現数が多い語ほど円が大きくなり、出現パターンが似通う度合いが強い程、太い線で描写される仕組みになっている。本研究では、KH Coder を用いて、小学低学年、中学年、高学年における共起ネットワークを描き、比較検討を重ね、開発した教材の評価を行うことにした。

2-3　結果と考察

2-3-1　テキストマイニングによるアンケート分析

図 2-10 は、子どものアンケート調査結果（一部）である。こうした記述内容を全てテキストデータとしてまとめた。その後、KH Coder を用いて、小学低学年、中学年、高学年における自由記述の中で、使用された語の出現パター

ンが多いものを中心に抽出した。**表2-1**は、質問1の回答結果に見られた抽出語の出現回数をまとめたものである。

表2-1の質問1(1)において、学年別・抽出語別にχ^2検定を行ったところ、有意な違いが見られた（$\chi^2=11.2$、$df=4$、$p<.05$、$V=.21$）。残差分析を行ったところ、低学年で「難しい」が有意に多く、中学年で「難しい」が有意に少ない結果が示された。このことから、ネジしめに関しては、低学年が難しいと感じている苦手意識が中学年になると少なくなってくることが明らかとなった。

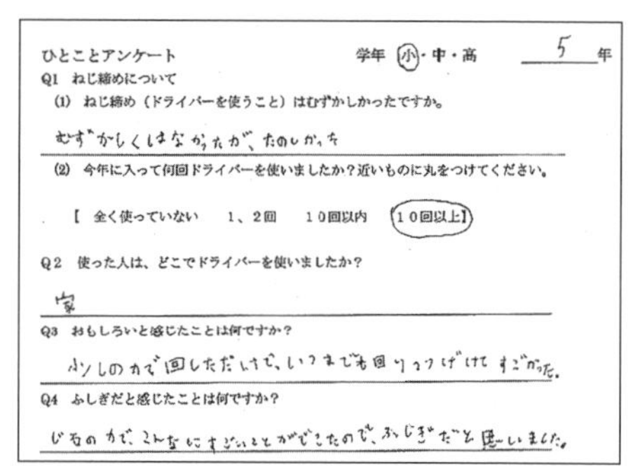
ひとことアンケート　学年 小・中・高　5 年
Q1 ねじ締めについて
(1) ねじ締め（ドライバーを使うこと）はむずかしかったですか。
むずかしくはなかったが、たのしかった
(2) 今年に入って何回ドライバーを使いましたか？近いものに丸をつけてください。
【 全く使っていない　1、2回　10回以内　10回以上】
Q2 使った人は、どこでドライバーを使いましたか？
家
Q3 おもしろいと感じたことは何ですか？
少しの力で回しただけで、いつまでも回りつづけてすごかった。
Q4 ふしぎだと感じたことは何ですか？
じ石の力で、こんなにすごいことができたので、ふしぎだと思いました。

図2-10　アンケート調査結果（一部）

質問1(2)において、学年別・抽出語別にχ^2検定を行ったところ、有意な違いが見られた（$\chi^2=27.5$、$df=6$、$p<.01$、$V=.31$）。残差分析を行ったところ、低学年で「全く使っていない」が有意に多く、高学年で「10回以上」が有意に多い結果が示された。このことから、低学年は、日常でもネジしめの機

表2-1　質問1における抽出語の出現回数（一部）

質問	抽出語	低学年（n＝56）	中学年（n＝54）	高学年（n＝29）
質問1(1)	難しい	35	20	10
	簡単	14	24	13
	少し難しい	2	6	1
質問1(2)	全く使っていない	20	15	3
	1・2回	13	11	8
	10回以内	16	16	1
	10回以上	7	12	17
質問1(3)	家	26	26	12
	電池交換	6	13	3
	工作	1	3	6

会そのものが少ないことが明らかとなった。

質問 1(3)の結果より、どの学年においても、ネジしめをする機会は家が最も多く、おもちゃなどの電池交換の際に行っていることが明らかとなった。次に、質問 2 から質問 4 における抽出された用語の出現回数を、**表 2-2** のようにまとめた。

表 2-2 質問 2・3・4 における抽出語の出現回数（一部）

質問	抽出語	低学年（n = 56）	中学年（n = 54）	高学年（n = 29）
質問 2	回る	37	32	16
	コマ	21	25	12
	電気	5	5	0
	光る	3	7	1
	何故	0	5	4
質問 3 (1)	コイル	14	15	4
	巻く	10	9	6
	回す	7	9	5
	ドライバー	5	3	1
	コマ	1	6	7
質問 3 (2)	練習	7	2	1
	分かる	6	1	0
	頑張る	5	1	2
	手伝う	3	2	1
	丁寧	0	3	1
	考える	0	3	3
質問 4	分からない	21	13	2
	回る	3	2	0
	モーター	2	2	1
	無い	0	0	2
	磁石	0	3	0

表 2-2 の質問 2 において、どの学年も「コマ」が「回る」ことがふしぎだ

と回答したことが明らかとなった。ただ、中学年及び高学年では、この質問に対し「何故」と自然現象に対する問いかけが見られるようになったことが特徴的であった。

質問3(1)において、どの学年においても「コイル」の製作が難しいと回答している結果が見られた。また、その課題の解決方法、つまり質問3(2)については、「人に手伝ってもらう」、「練習する」といったような語が抽出されていた。

質問4において、モーターとの違いを説明させる内容であったが、低学年及び中学年において「分からない」という語が多く抽出された。これは、モーターを分解した経験が無いと考えられる低学年、中学年の子どもたちにとっては難しい質問であったことが分かる。より詳細に分析を行うために、具体的な記述の一部を、**表2-3**にまとめることにした。

表2-3　モーターとの違いについて記述例（一部）

学年	具体的な記述例
低学年	・回るものが逆。モーターはコイルが回るのでは？（小1） ・直接モーターとはつながっていないのにあんなに回るとびっくりしました。(小2)
中学年	・モーターはコンパクトだけど、これは大きいし、いろいろなものが付いている。(小3) ・コイルを回すのと磁石を回すのとの違い。(小3) ・モーターとコマは同じ。(小4)
高学年	・ほとんど一緒。(小5) ・モーターとコマは同じで、線の数と長さ、大きさが違う。(小6)

低学年は「(モーターとの違いは）分からない」という記述が多く見られたことが特徴的であったが、**表2-3**に示した通り、例えば、「回るものが逆。モーターはコイルが回るのでは？（小1)」という記述もみられた。全体的に、モーターを分解した経験や、モーターについて学習したことがある子どもについては、「永久ゴマ」の製作とモーターとの関連付けを上手く行うことができていた様子であった。

2-3-2　共起ネットワークの結果

アンケート中の出現パターンの似通った語、つまり、共起の程度が強い語を線で結ぶ共起ネットワークを作成した。KH Coder のオプション設定により、最小出現数は 1 回以上の語を抽出した。さらに、共起関係が強いほど太い線での記述になることや、出現数の多い語ほど大きい円で描画することといったような設定を行った。さらに、語と語の結びつきが比較的強い部分を自動で検出し、グループ分けを行い、その結果を色分けによって示すサブグラフ検出の設定も行った。色がついていない語は単独の語であり、自動検出されたグループ間に繋がりが認められるときは実線、そうでないときは破線で示されるようになっている。

図 2-11 は、アンケート調査の質問 2 における小学低学年、中学年、高学年の共起ネットワークの図をまとめたものである。

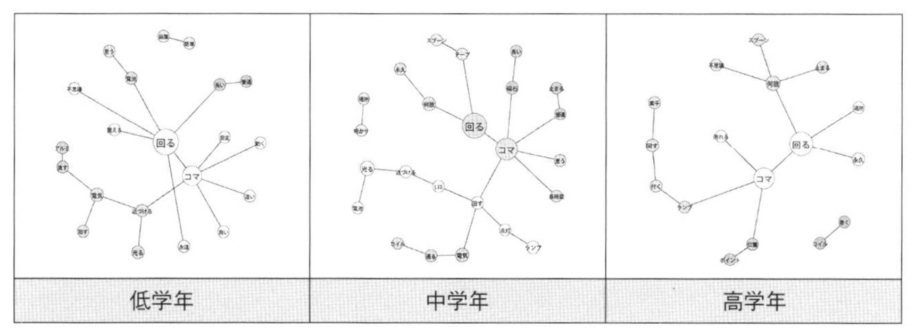

図 2-11　質問 2 の共起ネットワーク

図 2-11 より、全学年においてコマが回ることや LED が光ることが面白いと書かれていることが分かる。ただし、低学年では、「回る」と「震える」を関連付けている点が特徴的である。これは、コマが回るときに、電池のエネルギーを利用しているため、体験的に手が震えるほどのものを感じ取ることができることから記述されたものであると推察される。中学年、高学年においては、コマが回るということに「何故」という問いを関連付けていることが特徴的である。

図2-12は、アンケート調査の質問3(2)における小学低学年、中学年、高学年の共起ネットワークの図をまとめたものである。

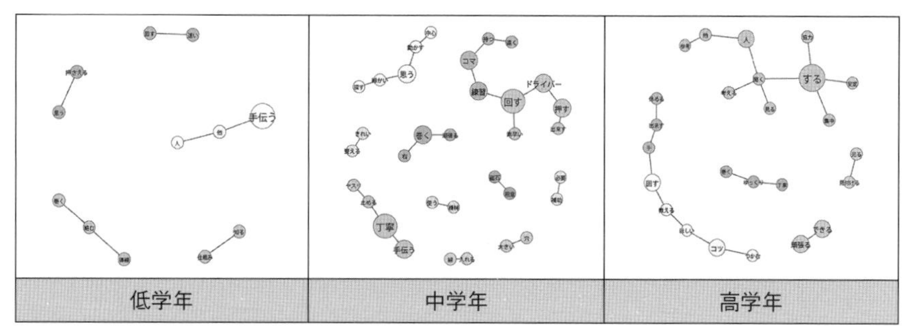

図2-12　質問3(2)の共起ネットワーク

図2-12より、難しさを乗り越えるための解決策は学年により異なることが分かった。低学年では、人に手伝ってもらう、という関連付けが単独で行われているのに対し、中学年ではドライバーの回し方やコマの持ち方など、自分で練習するという語が抽出されていた。高学年では、人に聞いたり、見たり、考えたりすることや、人と協力するという語が抽出されていた。さらに、集中して行うなど自力で解決するための語も抽出されていた。

2-4　まとめ

小学低学年と中学年及び高学年では、ネジしめに差が見られた。ネジしめに関しては、低学年が難しいと感じている苦手意識が中学年になると少なくなってくることが明らかとなった。特に、おもちゃの電池交換などで家庭でもネジしめの機会が得られていることが明らかとなったが、実際におもちゃの電池交換を自分で行うのは中学年以降であった。そのため、「永久ゴマ」は中学年以降で容易に作成できるものであることが分かった。

ただ、不思議だと感じるのは中学年以降に「何故」という問いかけを関連付けていることが特徴的であったが、低学年についても「コマが回ること」や

「LED が光ること」など不思議だと思うことを積極的に記述していた。おり、教材そのものは低学年においても充分に興味深いものとなったと考えられる。このことから、本研究で提案する教材は、自然の理解に通じる知的好奇心を促進させる教材であると考えられる。

また、「永久ゴマ」とモーターとの違いは、という問いについては、低学年及び中学年において「分からない」という語が多く抽出されていた。ただし、低学年の「回るものが逆。モーターはコイルが回るのでは？（小 1)」という意見に見られるように、モーターを分解した経験や、モーターについて学習したことがある子どもについては、「永久ゴマ」の製作とモーターとの関連付けを上手く行うことができていた様子であった。このことから、本研究で提案する教材は、モーターに関する学習を行っている高学年においては、科学内容の理解が促進される効果的な教材であると考えられる。それと同時に、低学年においてもモーターについての学習とセットにするなどの工夫を行えば、原理的な説明についても行える可能性がある教材であると考えられる。

CHAPTER

3 STEM教育との整合性がある「電気の基礎実験」

3-1 なぜSTEM教育と「電気の基礎実験」は整合性があるのか

2章で紹介した実践以外に、これまで初等中等教育や高等教育において、複数回にわたり永久ゴマを事例とした授業実践を行うとともに、それに伴う問題、及びその解決法について検討を重ねてきた。なお、**図3-1**は、高等学校での実践の様子である。高校生を対象にした実践の場合は、**図3-2**のような準備を行った。

図3-1 高等学校での実践の様子

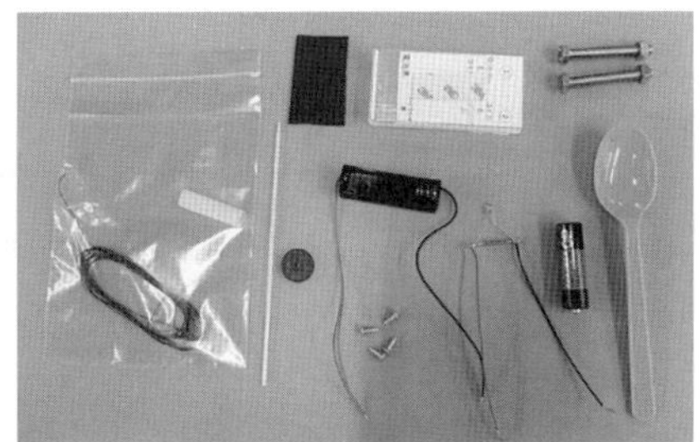

図3-2 準備物

本実験は、エナメル線をボルトに巻き付け、電磁石を作る工程がある。そこで、**図3-3**のように、ボルトにタピオカストローを入れ、その上からエナメル線を巻くようにした。こうすることで、エナメル線を巻いた後に、ボルトを入れかえることが可能になるからである。なお、実際の授業では、**図3-4**のように、2種類のボルトを用意した。ステンレスボルトと鉄ボルトである。この2種類のボルトは、若干、色が異なるが、同じ規格のものを用意している。言うまでもなく、電磁石の定義から、鉄製のボルトを用いた場合のみ、永久ゴマは回りつづけることができる。つまり、ステンレス製を用いることで、あえて実験を失敗させ、何が違うのかを検討する時間を準備したのである。

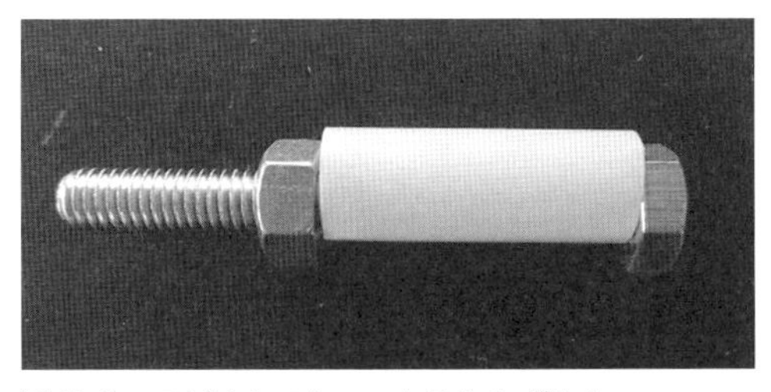

図 3-3　タピオカストローを入れたボルト

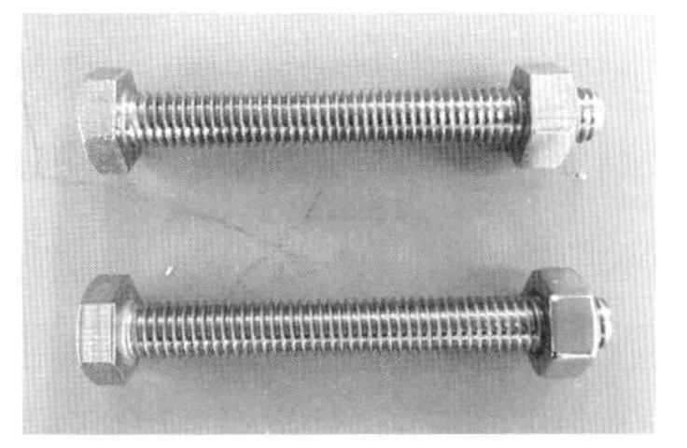

図 3-4　実際に用いた 2 種類のボルト

ただ、**図 3-4** に示したように、2 種類のボルトは若干の色の違いがある。また、鉄製のボルトには、磁石が引きつけられるという性質がある。ここに着目すれば、ステンレス製のボルトを用いたグループが、鉄製のボルトを用いることを考えるとともに、電磁石の定義を確認するような機会を得ることができると思われる。こうした意図的な条件設定により、認知的葛藤を生起させ、その原因を探るための議論が活性化するような授業デザインを行った。こうした試みは、STEM 教育の教育的ルーチンの積極的利用と初等中等と高等教育との連携という視点、あえて言えば、STEM 教育の位置づけを、学習指導要領を補完するある種のサブスタンダードとなることにすることを念頭においた先行的な教育実践である。その結果、**表 3-1** に示すように、K-12 フレームワークに示されている手法を参考に、課題の設定、調査の計画及び実行、データ分析及び解釈、数学的解釈、説明の構築、証拠に基づいた議論、情報収集及び評価といったような流れを取り入れやすい授業実践が可能となった。つまり、「電気の基礎実験」は、STEM 教育との整合性があると考えられる。

表 3-1　授業実践の概略

プラクティス	K-12 フレームワーク	実践の具体的内容
第一段階	発問する。 問題を定義する。	・発問する。（コマは、なぜ回り続けるのか。）
第二段階	モデルを創り、それを使う。（現象がみられる複数の系を紹介し、それらの共通点を探る。）	・モデルを作成する。（永久ゴマの製作。）

第三段階	調査を計画し、実行する。	・鉄製のグループは実験に成功するが、ステンレス製のグループは実験に失敗することについて議論を行う。
第四段階	データを分析、解釈する。（共通点を予想していた教師が用意した教材で確かめる。）	・得られた知識を基に実験計画を立て直し、再度、挑戦する。（例；図形的にリードスイッチがONになるのは、磁石との角度がおよそ45度になるときである。電磁石の強さは、コイルのまき数とコイルに流れる電流の強さの積に比例する。）
第五段階	数学を使い、数学的に考える。	
第六段階	説明を創る。解をデザインする。	・ボルトの色が若干異なることに気づき、モデルを修正する。 ・鉄製のボルトは磁石が引きつけられるという性質がある。 ・実際に動いた永久ゴマを観察し、なぜコマが回るのかについて議論を行う。
第七段階	証拠に基づいた議論に従事する。	
第八段階	情報を入手し、評価し、話し合う。（最後に主観的な相互評価を行う。）	

さらに、大隅（2022）は、タイに限らずアジアの多くの国の初等中等教育における理科の担当者は、女性が多いことを指摘している[24]。稲田（2019）が中学校段階における数値計算や定量的な扱いを伴う推論能力や、高等学校段階における物理と化学の学習到達度については、女子が男子よりも低い傾向があるため、何らかの手立てを講じなければならないと指摘している[25]。つまり、女性の理科教師が多いことは、例えば、生物領域が得意だが、物理領域を苦手とする傾向があることが考えられる。その中でも、電気分野は目に見えない現象を扱うものであり、計算の難しさだけでなく、現象そのものをイメージしにくいことなどからも電気分野は、難物として放置される傾向がある。それに加え、大隅（2022）は、タイ国の高等学校の実情として、スーパー・サイエンス・ハイスクール（SSH校）等財源豊かな学校以外は、実験機器が無いという実情があり、その結果、教科書と板書で済ませる傾向があると指摘している[26]。私は、2022年8月にフィリピンの学校訪問をした。その際、フィリピンの私立大学では、比較的財源豊かであり、まだ実験機器があったような印象を受けたが、州立大学では、実験機器は充分に揃っていないという実情が

あった。この対応策について、実際に、現地の先生に尋ねたところ、実験器具が無い場合は、プロジェクターを用いて写した映像で済ませることも多いということであった。

以上より、電気の基礎実験を実物に触れながら学習内容を理解していくことは、教科書や映像で学習するのとは異なり、更なる探究へ誘うための新たな問いが生成することも期待でき、究極的には自学ができる学習者を育成することに繋がると思われる。そのため、電気分野に焦点化することは、日本だけでなく、アジアの STEM 教育の推進に役立つものであると考えられる。

3-2 新たな疑問をどのように活用していくのか

新たに生じた疑問を支援するための教授方略を検討することは、STEM 教育の授業づくりにおいて非常に重要である。そこで、STEM 教育の実践に向けた教材研究の際には、必ずワークシート等の検討も行ってきた。Blackburn (2014) は、子どもたちの既有の知識を特定化するための最も一般的な教授方略は、**図 3-5** に示す Ogle (1986) が開発した K-W-L“Know, Want to Know, Learned” チャートである、と述べている[(27)、(28)]。

知っていることは何ですか “Know”	知りたいことは何ですか “Want to Know”	学んだことは何ですか “Learned”

図 3-5 K-W-L チャート

図 3-5 は非常に活用しやすい一つの雛形であると思われる。このままの形でも効果的な活用が見込めるが、実際の活用にあたっては、クラスの実態等に応じてアレンジしたワークシートを作成し、新たな疑問を次の学習に繋げていく授業計画を立てる工夫をしてみるのがよいと思われる。例えば、課題研究な

ど、比較的長期の指導で活用する場合は、**図 3-6** に示すように、課題研究の開始時期、中間報告、最終報告の 3 つの場面で同じ問いをすることで、その都度、学習者の理解度をチェックするために活用することも可能である。

課題研究　開始時期		
今、知っていることは何かありますか？	何か疑問に感じている点はありますか？	理解を深めるためには何が必要ですか？
中間報告		
今、知っていることは何かありますか？	何か疑問に感じている点はありますか？	理解を深めるためには何が必要ですか？
最終報告		
今、知っていることは何かありますか？	何か疑問に感じている点はありますか？	理解を深めるためには何が必要ですか？

図 3-6　課題研究などで活用できると思われるワークシート

3-2-1　Think-Pair-Share ワークシート

Think-Pair-Share という方略は、社会的構成主義に基づく教授方略として Walsh & Sattes（2011）や Pope（2013）により紹介されている[(29)、(30)]。これは、はじめに一人で考え（私のアイディア）、次にパートナーと協力し（パートナーのアイディア）、最終的にクラス全体で共有する（共有したこと）という順番で思考していく方略のことである。この教授方略を理科教育で活用するために、**図 3-7** に示すように、はじめに一人で考え（私のアイディア）、次にパートナーと協力して一つの仮説を提案し（私たちの仮説）、最終的にクラス全体で共有する（共有したこと）というようにアレンジして活用している。

私自身、電気分野以外の授業実践においても、この Think-Pair-Share ワークシートを用いてきた。もっと言えば、理科以外、例えば、高等学校でクラス担任をしていた頃に、ホームルーム活動などで重宝して活用していた。そのときの実感として、そもそも意見がでないクラス、言い換えれば、議論ができないクラスが一変する、と言っても過言ではない状況になる。クラスが変わる、という言い方が大げさではない、そのようなワークシートであり、STEM 教育の実践においても大いに活用できるはずである。

教師の発問	私のアイディア	私たちの仮説	共有したこと
【発問 1】 ・回りつづけるコマはどうすれば作ることができるのでしょうか。	①	②	③
【発問 2】 ・この現象を説明することができますか。	④	⑤	⑥
感想（このワークシートに書くことで、アイディアをまとめることはできましたか。）			

図 3-7　Think-Pair-Share ワークシート

3-2-2　パワフルプラクティスモデル

学んだことを整理するために、1 章の 1-2 節で示したパワフルプラクティスモデルを参考に、STEM 教育の授業で活用可能にするワークシートを図 3-8 のように作成した。

パワフルプラクティスモデル		学んだこと
発問	学習ユニットを立ち上げるための発問。 【例】問題は何ですか。	
探究	探究を導くための発問。 【例】問題を解決するためには何が必要ですか。	
評価	事前の知識やパフォーマンス評価のための発問。 【例】発見をどのように伝えることができますか。	

図 3-8　事後学習で活用するためのワークシート

また、NSTA は、**図 3-9** で示すように探究を 5 つに分類しており、この観点を持ちながら、ワークシート開発を行うことが STEM 教育を効果的に実践するための問いに繋がるのではないかと考えている(31)。

探究の類型	探究の目的
Launch〔着手、開始〕	観察を行い、記録する。
Focus〔集中〕	共同研究する。データの収集と整理する。
Station〔位、ランク〕	観察して記録する。新しい探究を計画し実行する。
Spontaneous〔自発的〕	アイディアや機会があれば、継続的な学習を奨励する。
Ongoing〔進行中〕	アイディアを更に探究するためには、どのような計画を立てればよいか。

図 3-9　探究の類型

CHAPTER 4 重点的な題材選定と教育プラン

4-1　永久ゴマの原理について

一般的なモーターは、電気が電磁石の働きをして、磁石が引きつけたり、反発したりする性質を使っている。これと同じ原理で、半分がN極、半分がS極の2極磁石のコマを動かしたものが「永久ゴマ」である。永久に回りつづけるように見えるが、実際は電池がなくなるまで回りつづけることになる。図4-1のように、電磁石の回路にはコマの位置でスイッチが開閉するリードスイッチを入れている。

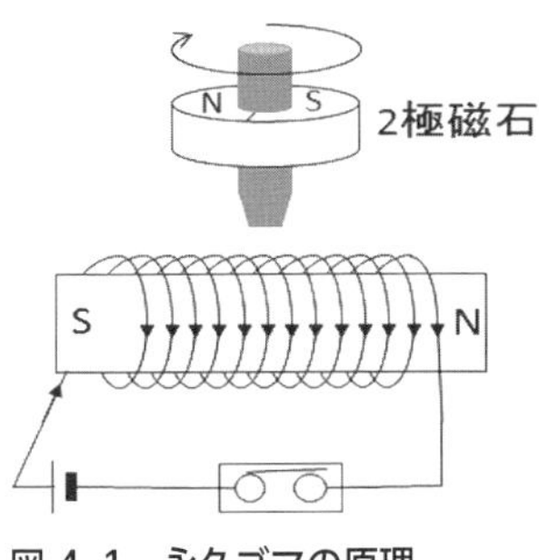

図4-1　永久ゴマの原理

永久ゴマを製作した後、図4-2のように実験をすると、必ずと言っていいほど「すごい。」という歓喜の声があがる。しかし、高校生の場合は「電池があるしね。」と誰かが言えば「なるほど、結局はモーターなのか。」という意見に落ち着くことになるときもあった。電池に着目し、電池があるから動く、ということを、電池のメカニズムを踏まえて、理解しようとする学習者は、永久ゴマの原理の理解に一歩近づけたことを確認することができる。ただ、電池で動く、というだけの認識で、それ以上の議論をしない学習者も少なからず存在する。実際に、私たちは、普段、何気なく電気を使っている。あまりにも便利すぎて、その便利さに気づかない

図4-2　製作した永久ゴマを観察する様子

ことさえある。産経新聞社会部（1998）では、「カブトムシが死んだから電池を変えて。お母さん。」という小学生と母親による衝撃的な会話の一部が紹介されている[32]。この話は約20年前のものだが、当時、理科教育や科学教育の学会等でもよく話題になっていた。

小学生「お母さん、カブトムシが動かなくなったからお金ちょうだい。」
母　親「いいわよ。だけど、どこまで（新しいカブトムシを）買いにいくの。」
小学生「近くのコンビニエンスストアー。」
母　親「コンビニ？」
小学生「うん、電池を買ってくるんだ。カブトムシの電池を替えてあげるんだよ。」
【出典】産経新聞社会部（1998）、理工教育を問う―テクノ立国が危うい、新潮社。

これは、一見、笑い話のようにも聞こえるが、自分自身に置き換えて考えたとき、そのような考えになってしまう生活をしている可能性があるように思われた。実際に、「電池が切れたから、スーパー（または電気屋さん）で買ってこよう。」と簡単に思うことがある。そこで、電池が無いのに電気がつく、という発電機の授業が、完成品の手回し発電機という教材を用いて授業するのではなく、手作り教材として、しかも、電気のありがたさが分かるような授業の展開が必要である、と思うようになった。

4-2　OES研究所との出会い

2022年6月4日、対面とオンラインのハイブリッド形式で開催された、2021年度第6回日本科学教育学会研究会（四国支部）に参加した。その中で、Osumi Educational Support Institute（以下、単に「OES研究所」という。）の巻線機に出会った。OES研究所は、京都教育大学名誉教授の大隅氏が、自宅の隣接土地に開設した研究所である。歴史的には、次のような経緯がある。大隅氏は、2007年にJICAが派遣するシニア海外ボランティアとしてタイ国教育省・科学技術教育振興研究所（IPST）に2年間赴任し、協力活動に取り組んできた。その成果を踏まえ、タイから帰国後、関西大学総合情報科学部、立命館大学産業社会学部などと連携して関西地域はじめ近隣の教師や子ども向けに科学教室を実施するなどの活動を続けてきている地域貢献型の研究所を設立したのである。

ただ、OES 研究所の巻線機に出会ったといっても、オンライン参加であったため、画面越しの出会いに過ぎなかった。そのため、巻線気の実物を見たい、STEM 教育の実際を学びたい、等の思いに駆られ、急いで OES 研究所の大隅紀和先生に E メールを送った。その結果、**図 4-3** のように 2022 年 7 月 1 日、実際に大阪の OES 研究所を訪問し、STEM 教育について勉強をする機会を得た。なお、私が担当するゼミの学生 1 名が非常な興味を示したため、その学生も引率し、OES 研究所を訪問したのである。そこでは、**図 4-4**、**図 4-5** に示すようなタイ国教師向け STEM 教育研修事業 “Power Up” 等で活用されている教材を多く紹介していただいた。教材の具体的な内容については、本書 PART 2 で説明しているため、ここでは割愛する。

図 4-3　OES 研究所訪問の様子

ここで学んだコンテンツは、コロナパンデミック以前において、

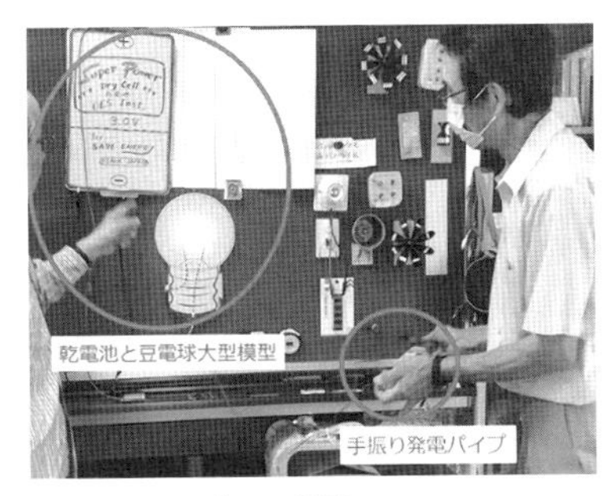

図 4-4　手づくり教材
「乾電池と豆電球大型模型」と「手振り発電パイプ」

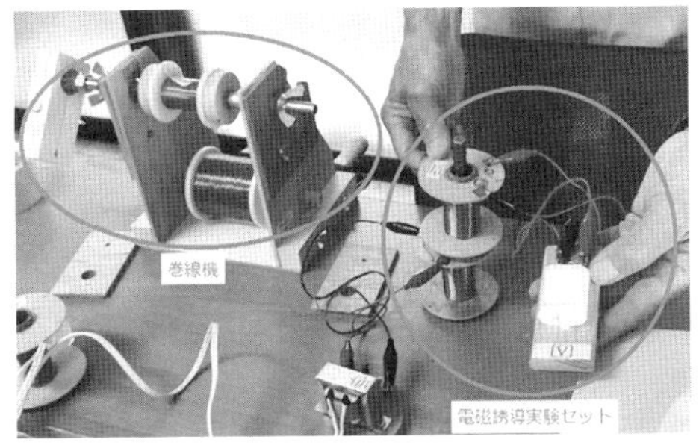

図 4-5　手づくり教材
「巻線機」と「電磁誘導実験セット」

既に海外で実践されてきたものであった。さらに、コロナ禍においても、オンラインを活用しながら、継続的に海外の専門家と情報交換がなされていたり、継続して授業実践を行っていたりする等、積極的に活動がなされている事実を知り、大変よい刺激を受けることができた。

CHAPTER

5 電気への感謝度合いを検証するための柔軟な実践計画と実施

2022年7月下旬に愛知県内私立大学教育学部に在籍する初等教育教員志望者第2学年53名（男子39名、女子14名）を対象に、OES研究所で学んだ教材を用いた授業実践を行った。実情として、対象校の私立文科系大学教育学部の学生の多くは、小学校教員を目指している。おしなべて中学生の頃から理科に対する苦手意識を持つ傾向がある。その結果、教員としての資質や指導力を身に付けたいという意欲は高いものの、時に教養としての自然科学への関心や理科授業づくりに対する戸惑いがみられる。本章では、その時の授業実践の様子を報告する。

5-1 自作の手振り発電パイプを作ろう

理科研究の授業概要は「小学校理科で取り扱われる内容について、小学校理科教科書を基に授業展開と評価方法、観察、実験などに関する基本的な技能の習得を目指すとともに、観察、実験器具の安全な取り扱い方法を身に付ける。」である。これまでに、小3「電気の通り道」、小4「電流の働き」で、小5「電流が作る磁界」を学んできた。理科研究という授業は、1コマあたり90分で実施され、毎時間、実験を行っている。主に初等教育の授業を題材とするため、初回の授業では、「懐かしい。昔、実験したことがある。」という感想を述べる学生が多いのも事実である。その後、初等教育の実験を題材としながら、初等教育教員として、どのような指導をしていくのかを考えることを促す指導を行っているため、それ以降の授業では、学生自身が教師になったとき、どのように指導していくべきかを考えることができる。なお、2022年6月中旬に、小5「電流が作る磁界」の学習で、既にシンプルモーターを製作する授業を実施している。今回は、小6「電気の利用」の分野で、発電について考える目的で、自作の手振り発電パイプを作ることにした。まずは、どんな発問をするのか等を含め、授業計画を立てることにした。

5-2　巻線作業体験の有無がもたらす電気への感謝度合いを検証するための授業デザイン

授業目的は、巻線作業体験の有無がもたらす電気への感謝度合いを検証することである。そこで、巻線作業体験を実施した後にワークシートを記述させるクラスα（N＝29）と、巻線作業体験を実施する前にワークシートを記述させるクラスβ（N＝24）とに分け、**表5-1**に示す実施プロセスで授業をデザインし、2022年7月下旬に実践した。約1か月後の2022年9月中旬、両クラスともに学習指導案（略案）作成を行った。なお、この授業デザインで、効果検証を行う目的で作成されたワークシートは、次節で説明することにする。

表5-1　授業デザイン

<table>
<tr><th rowspan="2">クラス</th><th colspan="4">実施プロセス</th></tr>
<tr><th>2022年6月</th><th colspan="2">2022年7月</th><th>2022年9月</th></tr>
<tr><td>クラスα
（N＝29）</td><td rowspan="2">シンプルモーター製作</td><td>巻線作業体験</td><td>ワークシートの記述</td><td rowspan="2">【課題】指導案作成（略案）</td></tr>
<tr><td>クラスβ
（N＝24）</td><td>ワークシートの記述</td><td>巻線作業体験</td></tr>
</table>

図5-1のようにクラスαは、巻線作業体験をした後、自作の手振り発電パイプでLEDを点灯させるようにした。その後に、ワークシートを記述するような授業にした。クラスβは、既に教員が完成した手振り発電パイプ（完成品の手振り発電パイプ）でLEDを点灯させた後、ワークシートを記述させた。その後で、実際に、巻線作業体験をするようにした。このように2つのクラスを作り、両群の効果を比較する場合、Ross & Morrison (1995) は、因果関係の推論検証しようとする特定の教授方略以外の条件は全く同一でなければならない、と述べている。そこで、公平性の観点から、本研究で行う授業では、

両群ともに同一教師で担当し、ワークシートを記述させるタイミング以外は、同一の内容で実施することにした。以上の授業デザインのもと、クラス分けを便宜的に行ったものの、クラスα、クラスβともに、授業内容と授業方法に隔たりがないように配慮した。

5-3　巻線作業体験の有無がもたらす電気への感謝度合いを検証するためのワークシート

巻線作業体験の有無がもたらす電気への感謝度合いを検証する目的で、LED点灯の実験をしたときの印象や感想を分析することにした。授業デザイン上の一つの仮説として、クラスαの方が電気への感謝度合いは高くなるものと想定したワークシート作成を試みた。この観点で作成したクラスαのワークシートを図5-1に、クラスβのワークシートを図5-2に示す。巻線作業体験で記述内容に差が出るのは、クラスαの質問5と、クラスβの質問4である。クラスαは、自作の手振り発電パイプで実験を行った後に記述されているのに対し、クラスβは完成品の手振り発電パイプで実験を行った後に記述されている。ワークシートを記述した後、巻線作業体験を行うという手続きを経ている。そのため、それ以外の質問は、ほぼ同じ条件下で実施されていると判断した。

手振り発電パイプ【クラスα】

1　あなたの性別を教えてください。（どちらかを○で囲んでください。）

［ 男性　・　女性 ］

2　エナメル線は何回巻き付けていると思いますか。

［　　　　回 ］

3　手振り発電パイプについて、知っていることを書きましょう。

［　　　　　　　　　　］

では、実際に巻線作業体験を行います。

4　【実験1】実際にエナメル線を巻く体験をしてみましょう。

4-1　これまでに、エナメル線を巻くような手作業の経験はありますか。
（どちらかを○で囲んでください。）ある場合は、具体的に教えて下さい。

［ 【体験】　ある　・　無い ］

4-2　エナメル線を巻くような手作業は好きですか。（あてはまるものに○印をつけてください。）

［ 強くそう思う　・　そう思う　・　そう思わない　・　強くそう思わない ］

4-3　実際に取り組んでみて、どのように思いましたか。

［　　　　　　　　　　］

5　【実験2】自作の手振り発電パイプを使って実験してみましょう。
そのうえで、この実験の原理を説明することができますか。

 実験して分かったこと	 もっと知りたいこと	 疑問に感じたこと
①	②	③
感想（このワークシートに書くことで、アイディアをまとめることはできましたか。）		

図5-1　クラスαの授業で使用したワークシート

手振り発電パイプ【クラスβ】

1　あなたの性別を教えてください。（どちらかを○で囲んでください。）

〔 男性　・　女性 〕

2　エナメル線は何回巻き付けていると思いますか。

〔　　　　　回 〕

3　手振り発電パイプについて、知っていることを書きましょう。

〔　　　　　　　　　　　　　　　　〕

4　【実験 1】手振り発電パイプを使って実験してみましょう。
　そのうえで、この実験の原理を説明することができますか。

 実験して分かったこと	 もっと知りたいこと	 疑問に感じたこと
④	⑤	⑥
感想（このワークシートに書くことで、アイディアをまとめることはできましたか。）		

では、実際に巻線作業体験を行います。

5　【実験 2】実際にエナメル線を巻く体験をしてみましょう。

5-1　これまでに、エナメル線を巻くような手作業の経験はありますか。
　（どちらかを○で囲んでください。）ある場合は、具体的に教えて下さい。

〔【体験】　ある　・　無い 〕

5-2　エナメル線を巻くような手作業は好きですか。（あてはまるものに○印をつけてください。）

〔 強くそう思う　・　そう思う　・　そう思わない　・　強くそう思わない 〕

5-3　実際に取り組んでみて、どのように思いましたか。

〔　　　　　　　　　　　　　　　　〕

図 5-2　クラスβの授業で使用したワークシート

5-4 巻線作業体験の授業実践の様子

クラスα、クラスβともに授業開始直後に、ワークシートの質問1から3を記述した。そのため、同じ条件下で実施された調査結果である。**表5-2**に、ワークシートの質問1から3の結果を示す。

表5-2 ワークシートの結果（クラスα、クラスβの質問1から3）

クラス	質問1（人）		質問2（回）	質問3（人）	
	男	女	平均値	分からない	磁石を動かして発電する
クラスα（N＝29）	20	9	903.8	7	5
クラスβ（N＝24）	19	5	511.5	12	6

表5-2より、質問1より、いずれのクラスも男子の方が多いクラス構成となっている。ただ、クラス全体の傾向として、高校時代に物理基礎をほとんどの学生が履修しているが、専門科目の物理については、全く履修した経験が無い。よって、質問2は、ほとんどイメージのみで答えた内容になっている。質問2から、クラスαはエナメル線を約1000回巻くというイメージを、そして、クラスβはエナメル線を約500回巻くというイメージを持っていたことが分かる。さらに、質問3の手振り発電パイプについては「分からない」「磁石を動かして発電する」という意見が多くみられ、小学校、中学校で獲得した知識を頼りに回答している様子が伺えた。

質問1から3を回答後の授業展開は、クラスαが巻線作業体験を行い、クラスβは完成品の手振り発電パイプを用いて発電の実験を行うというものである。**図5-3**は、クラスαの巻線作業体験の様子である。アクリルパイプを、アクリルカッターで切断し、実験で使用しやすい長さ（30cm程度）にしたものに、巻線機を用いてエナメル線を1000回巻き付けるという作業である。また、**図5-4**は自作の手振り発電パイプを用いてLED点灯実験を行っている様子である。

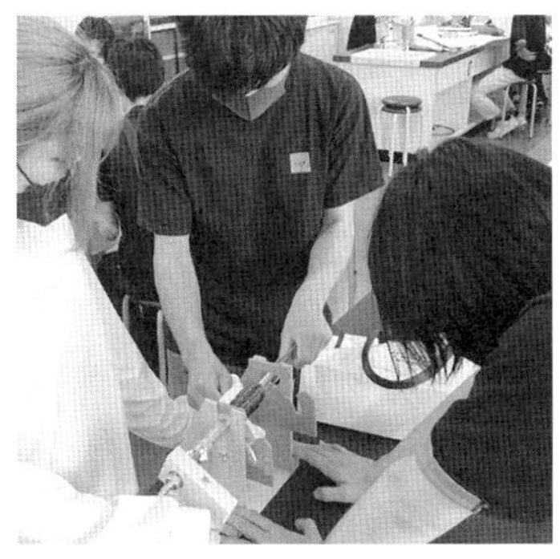

図 5-3　巻線作業体験の様子

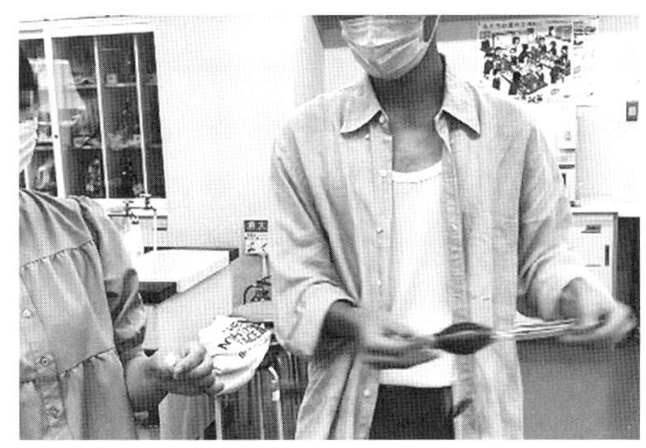

図 5-4　自作の手振り発電パイプを用いた実験の様子

クラスαは、巻線作業体験を行い、自作の手振り発電パイプで実験を行った後でワークシートの質問 4、5 を記述した。一方、クラスβは完成品の手振り発電パイプを用いて発電の実験を行った後、巻線作業体験を行い、その後、質問 4、5 を記述した。

以上より、あらかじめ想定した授業デザインとして、巻線作業体験で記述内容に差が出るのは、クラスαの質問 5 と、クラスβの質問 4 である。その結果をまとめると、**表 5-3** から**表 5-6** のようになった。

表 5-3　ワークシートの結果；クラスαの質問 5 と、クラスβの質問 4 の結果 1

回答欄	記述内容	クラスα (N = 29)	クラスβ (N = 24)
実験して分かったこと	巻き数が関係する	20	0
	LED が点灯した	6	8
	原理について	3	0
	振り方次第で明るさが変化することについて	0	12
	難しい	0	3
	電気のありがたさ	0	1

表5-4 ワークシートの結果；クラスαの質問5と、クラスβの質問4の結果2

回答欄	記述内容	クラスα (N = 29)	クラスβ (N = 24)
もっと知りたいこと	巻き数を変えるとどうなるか	21	1
	原理について	3	5
	明るさの上限について	2	0
	活用方法について	2	3
	連続した点灯は可能か	1	3
	最も効率がよい発電について	0	6
	振り方次第で明るさが変化することについて	0	2
	発電の歴史について	0	2
	蓄電の技術について	0	1
	エナメル線の素材について	0	1

表5-3より、実験をして分かったことについて、巻線作業を体験したクラスαは、巻き数が関係することや原理について、分かったと記述している。一方、完成品の手振り発電パイプを用いたクラスβは、LEDが点灯したという実験結果に着目し、その振り方により明るくなったり、振り方そのものが難しいと述べたりするなどの記述がみられ、その原理を考えるような記述はみられなかった。巻線機で、実際に自作の実験道具を製作し、LEDが点灯することを目の当たりにすることで、手振り発電パイプそのものの原理や原則の方に意識が向かうことを示していると考えられる。

表5-4より、もっと知りたいことについて、クラスαは、巻き数を変えた場合はどのようになるのか、といったことを発展的に調べてみたいという記述が多くみられた。

一方、クラスβは、効率がよい発電について、原理について、等、手振り発電パイプ以外の何かがあるのか、という点に興味を持っているような記述がみられた。クラスβでは、実験結果を踏まえたうえで、もっと知りたいこと、という問いに対し、原理はどうなっているのか、と考える記述が見られた。

表 5-5　ワークシートの結果；クラスαの質問 5 と、クラスβの質問 4 の結果 3

回答欄	記述内容	クラスα (N = 29)	クラスβ (N = 24)
疑問に感じたこと	原理について	12	6
	巻き数を変えるとどうなるか	8	1
	活用方法について	4	0
	巻線機について	2	0
	連続して点灯させる方法について	2	5
	巻き方について	1	0
	振り方による明るさの違いについて	0	8
	もっと明るくする方法について	0	3
	活用方法について	0	1

表 5-5 より、疑問に感じたことについて、クラスαは、手振り発電パイプの原理に関することや、巻き数を変えるとどうなるか、という記述が多くみられた。一方、クラスβは、振り方の違いで明るさが変わったというように、原理や原則ではなく、実験方法に関する回答が多くみられた。

なお、大隅（2019）によると、1000 回巻きのコイルで、フェライト磁石を用いた場合、600 回巻きで、かすかな LED を確認したと述べている[33]。これをもとに、ネオジウム磁石を用いた場合も試してみたが、450 回巻きで点灯は確認できた。これらは、中学校の自由研究や、高等学校の課題研究等でも実施可能な題材である。このように、新たに生じた疑問を手掛かりとして、自分で実験計画を立て、挑戦するという姿勢は STEM 教育において求められる探究の過程にあてはまるものであると考えられる。

表5-6　ワークシートの結果；クラスαの質問5と、クラスβの質問4の結果4

回答欄	記述内容	クラスα (N＝29)	クラスβ (N＝24)
感想	もっと実験がしてみたい	7	0
	面白い	7	2
	達成感が凄い	6	0
	原理が理解できた	6	0
	電気の大切さを知ることができた	2	0
	いろいろな疑問が出てきた	1	0
	ワークシートがよい	0	10
	難しかった	0	4
	かなりの労力がいる	0	2
	活用方法について	0	1
	効率のよい発電方法を考えたい	0	1
	巻き数について調べてみたい	0	1
	無回答	0	3

表5-6より、感想について、クラスαは、もっと実験がしたい、面白いという感想が多くみられた。一方、クラスβは、実験ではなく、ワークシートそのものに着目した回答が多くみられた。以上より、巻線機作業の経験は、原理、原則を踏まえながら実験そのものに関して振り返ることができる記述がみられた。つまり、巻線機作業体験が有るということは、実験内容が、印象に残りやすく、原理、原則を理解したいという気持ちを持ったうえで、新たな疑問を生じるという点において、次の授業に繋がる一つの契機となり得る教授方略になると察することができた。

5-5　巻線作業体験がもたらす電気への感謝度合い

ワークシートのクラスαの質問4と、クラスβの質問5は、クラスα、クラスβともに巻線作業体験を実際に行った後に記述したので、条件は同じである。**表 5-7** に、ワークシートのクラスαの質問 4 と、クラスβの質問 5 の結果を示す。

表 5-7 ワークシートの結果；クラスαの質問 4 と、クラスβの質問 5 の結果

クラスα（N = 29）	質問 4-1（人）		質問 4-1【内容】（人）	質問 4-2（人）	質問 4-3（人）	
	有	無	小中学校理科で実験		楽しい	難しい
	13	16	7	2.8	13	6
クラスβ（N = 24）	質問 5-1（人）		質問 5-1【内容】（人）	質問 5-2（人）	質問 5-3（人）	
	有	無	小中学校理科で実験		楽しい	難しい
	19	5	13	2.9	12	7

表 5-7 の一つ目の質問、エナメル線を巻く体験について、クラスαは 13 人（約 45 %）、クラスβは 19 人（約 79 %）、つまり、両クラスを合わせると 32 人（約 60 %）であり、半数以上の学生が、エナメル線を巻く体験があると回答した。これらは全て小学校や中学校の理科授業の中で実施されたものであり、手で巻く体験を実施したとのことであった。

次に、二つ目の質問、エナメル線を巻くような作業は好きですか、という質問は、4 件法で回答するものであった。便宜的に、強くそう思う 4 点、そう思う 3 点、そう思わない 2 点、強くそう思わない 1 点、という 4 点満点で集計することにした。その結果、クラスαは 2.8 点、クラスβは 2.9 点であった。両クラスともに平均点が 2.5 点以上であったので、クラス全体として肯定的な意見を述べたということが明らかとなった。

最後の質問、実際に取り組んでみてどのように思いましたか、という質問は、全般的に「楽しかった。」または「難しかった。」という内容のものが多く見られた。その結果を表中にまとめている。具体的には、楽しかったという意見の具体例は「きれいに巻けていく様子を見ると楽しかった。かなりの努力があって電気は使えているのだと分かり、電気のありがたさを感じました。」のような記述である。このように、電気のありがたさを感じたという具体的な記述もみられた。一方、難しかったという意見の具体例は「思っていたより難しかったです。機械があったので、やりやすかったですが、普通に手だととても難しい作業になると思いました。」のような記述である。

CHAPTER 6 フィリピンでの STEM 教材の紹介

2022 年 8 月、ウェスリアン大学フィリピン "Wesleyan University Philippines"、及びブラカン州立大学 "Bulacan State University" を訪問した。そこでは、STEM 教育に関する情報交換を行ったので、本章で紹介する。

6-1 フィリピンの STEM 教育事情

カバナトゥアン市にあるウェスリアン大学フィリピンは私立大学で、医学部の学生による STEAM 教育の取り組みを見学させていただいた。SDGs に関連させて STEM 教育に取り組んでいるという説明があった。具体的には、**図 6-1** に示す実験機器を用いて、乾燥させた食べ物に関する研究を行い、食糧問題について検討していた。あるいは、**図 6-2** に示す実験機器を用いて、潮流を利用して発電機を作る研究を行い、エネルギー問題について検討していた。

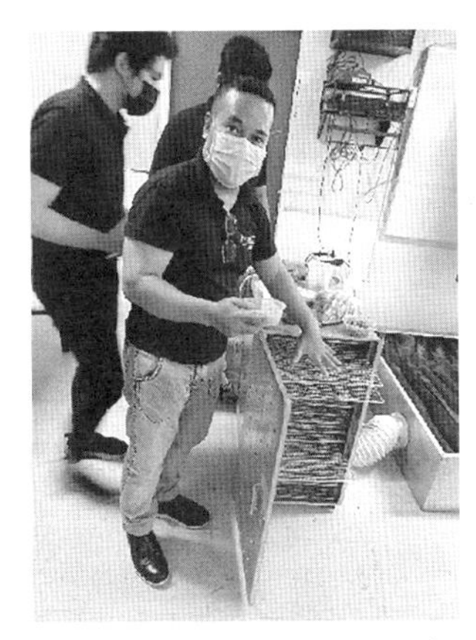

図 6-1　食料問題に関する研究

図 6-2　エネルギー問題に関する研究

次に、マロロス市にあるブラカン州立大学を訪問した。**図6-3**に示すように、実験室内には、あまり道具が存在していなかった。実験道具の棚の中も見せてもらったが、基本的にモノが溢れるという状況ではなく、空っぽの状態のままのところもみられた。ただ、道具を揃えるのが難しくても**図6-4**に示すような手づくり教材を作成しながら、STEM教育の推進を図る工夫がなされていた。

図6-3　実験室の様子

図6-4　手作り教材

6-2　フィリピンでのSTEM教育実践

ウェスリアン大学フィリピン及び、ブラカン州立大学では、理科教育、科学技術教育、幼児教育を専門とするフィリピンの大学教員12名（内訳は、"Wesleyan University Philippines" の大学教員6名、"Bulacan State University" の大学教員6名）を対象として、STEM教育に関する実験を行った。**図6-5**は、ウェスリアン大学フィリピンで、**図6-6**は、ブラカン州立大学で実験に参加してくれた教員である。実験内容は、前章の**表5-1**で示した実践の概略を説明したうえで、シンプルモーター、及び手振り発電パイプの実験である。

図6-5　ウェスリアン大学フィリピンにて

図6-6　ブラカン州立大学にて

なお、本実践で用いたシンプルモーター、及び手振り発電パイプは、いずれもOES研究所（厳密には、後に記す「OES研究所・岸和田工房」）より頒布された機材である。これらは、日本からフィリピンに持参した。シンプルモーターは、10セット持参したので、制作後、全員にプレゼントした。手振り発電パイプは、2セット持参したので、各大学に1台ずつプレゼントした。なお、持参したシンプルモーターは単1形の電池で製作する仕様である。ただ、フィリピンでは、販売されている電池の種類が少ないという事情があるため、万が一、電池切れになった場合の対応も検討することにした。具体的には、単3形（AA）、単4形（AAA）は比較的容易に購入可能であるが、単1形（D）、単2形（C）は入手しづらいという事情がある。実際に、現地のスーパーマーケットに立ち寄り、実際に確認してみたが、ほとんど単3形、単4形の電池が並んでいた。ただ、単1形、単2形が全くないというわけではなかったが、需要と供給の関係で、若干高価な買い物になってしまう。こうした事情を踏まえれば、単3形の仕様に改良したシンプルモーターを持参する、ということで解決する。ただ、実験テーマの一つに「電気への感謝度合いを検証する」というものがある。そのため、実験者が、単1電池の予備が無いという場面に出くわしたとき、手持ちの道具を使いながら、単1形の仕様のものを単3形に自分で改良する、というような発想も重要な意味があると考えた。今回は、日本にある100均ショップで購入した、**図6-7**に示す電池チェンジャーを持参し、単1電池が無かったとしても、単3電池で対応できる、という具体例を示すことにした。

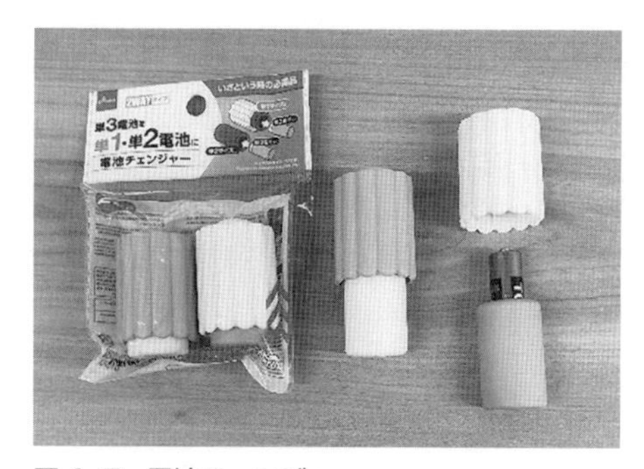

図6-7　電池チェンジャー

図6-8はシンプルモーター製作の様子であり、図6-9は手振り発電パイプを用いた実験の様子である。

図6-8に示すように、シンプルモーターが完成し、エナメル線が回転したとき、拍手をする大学教員もいた。また、電池を必要とするシンプルモーターを制作した後、図6-9に示す手振り発電パイプを用いた実験を行った。これは、電池を必要としない発電機であり、これらの実験を同時に行うことで、電気の大切さを伝える授業ができるという感想も述べられ、具体的に、学生たちにも体験させたいという話をする先生がいた。そのため、次年度以降、中等教育学校の生徒や大学生等に向けた実践を行う計画も立てることにした。なお、次の表6-1は、フィリピンの大学教員による実験後の感想の一部である。

図6-8　巻線作業体験の様子

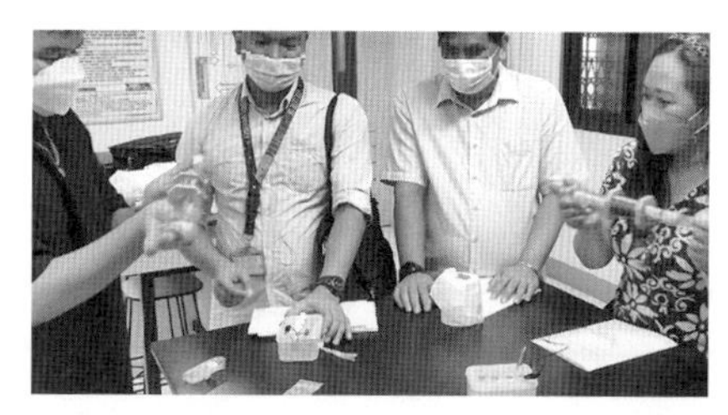

図6-9　手振り発電パイプを用いた実験の様子

表6-1 フィリピンの大学教員による実験後の感想（一部）

A. Simple Motor （シンプルモーター）	B. Hand-waving Generator （手振り発電パイプ）
I believe that a simple motor can be used by teachers at both elementary and secondary levels in teaching science even in the Philippine setting. Through the use of the simple motor、learners can easily understand the concept being taught. However、there is a need for the teacher to explain which side would be fully rubbed by sandpaper and which should be half only. Also、the materials used to make the simple motor are easy to find and available here. （シンプルモーターは、フィリピンの教育環境においても、初等・中等教育の教師が科学を教える際に使用することができると思います。この実験機器を使えば、学習者は科学概念を容易に理解することができます。ただし、紙やすりで完全にこする面と、半分だけこする面を教師が説明する必要があります。また、製作するために必要な材料は、簡単に手に入れることができます。）	I think this practical instructional material can be useful in teaching science concepts at the elementary and secondary levels. It promotes inquiry and critical thinking among learners. Very interactive to use. It can be used even without a battery. （この実用的教材は、初等・中等教育における科学教育に役立つと思います。学習者の探究心や批判的思考を促進し、非常にインタラクティブな使い方ができます。また、電池がなくても使えます。）

CHAPTER

7 学習指導案作成の意義について

2022年9月、愛知県内私立大学教育学部に在籍する初等教育教員志望者第2学年53名（男子39名、女子14名）を対象に、学習指導案を作成し、模擬授業を行うという授業実践を行った。本章では、その時の授業実践の様子を報告する。

7-1 理科授業をデザインする際の観点

授業は、ある一定の目標を達成するための意図的計画的な教授活動であり、これを具現化したものが学習指導案である。よい授業にするために、素材を教材化し、目標を設定し、子どもたちの学びの状況を捉え、学びの筋道を組み立てるとともに、学習者の変容を想定しながら授業指導案を作成することは非常に重要である。また、作成した学習指導案は、授業後に自らの授業を客観的に捉える授業分析のための重要な拠り所となる。

学習指導案の作成は、授業そのものを想定したものであるが、授業力の向上を目指すのであれば、学習指導案の作成自体を含めた授業前の教材研究から始まり、授業そのものを経て、授業後の授業分析に至るまでのいくつかの過程があることに注意しなければならない。山岡（2021）は、こうした一連の流れをQUILTフレームワークに基づく理科授業の開発の観点として**表7-1**のようにまとめている[34]。

表 7-1 QUILT フレームワークに基づく理科授業の開発の観点

<table>
<tr><th>Stage</th><th>具体的内容</th></tr>
<tr><td>Stage1：
発問の準備</td><td>理科授業を開発するための実践的理科授業モデルを考慮する。</td></tr>
<tr><td>Stage2：
発問の提供</td><td>発問を、解答形式や内容の観点から吟味するために、発問分類法を活用する。

発問の形式に偏りがないかを確認するための発問分類法（Stage2, 及び Stage5 の具体例）
<table>
<tr><th>内容
解答形式</th><th>科学用語</th><th>計算</th><th>現象説明</th><th>理由説明</th><th>図・グラフ</th></tr>
<tr><td>短答式</td><td></td><td></td><td></td><td></td><td></td></tr>
<tr><td>論述式</td><td></td><td></td><td></td><td></td><td></td></tr>
<tr><td>選択式</td><td></td><td></td><td></td><td></td><td></td></tr>
</table></td></tr>
<tr><td>Stage3：
生徒の返答に対する刺激</td><td>QUILT フレームワークに組織化されている “Wait time”（非言語的刺激）や “Think-Pair-Share” を活用する。
【その他】フォローアップ発問（言語的刺激）、KQS（Know、Question、Strategy）× 3 などを活用する。</td></tr>
<tr><td>Stage4：
生徒の返答に対する処理</td><td>適切なフィードバックを提供し、正答や誤答を発展させ、活用するために、生徒が躓いた場面で発問を言換えるための Question カードを活用したり、教師の対応発問を考慮したりする。</td></tr>
<tr><td>Stage5：
発問の思案</td><td>Stage1 で活用した実践的理科授業モデルや Stage2 で活用した発問分類法を活用し、授業分析を行い、次回の授業に取り入れる。</td></tr>
</table>

表 7-1 は教師の発問を核として、提案している発問フレームワークであり、学習指導案を作成するにあたって重要な観点になる。実際に、斎藤（1965）が指摘するように、授業は、いつでも教師の発問や問い返しを核にして展開されるものである[35]。例えば、学習者の発話の扱い方次第では、教師主導の授業が構成されたり、生徒中心の授業が構成されたりするのである。宮崎（2009）は、教室内の談話こそが、学習者の学びの場であると指摘し、教師の持つ実際の授業の流れの組織の技術は、学習者の学びを左右すると述べている[36]。例えば、**図 7-1** に示すような教師と生徒、生徒同士という学びの相互交流を実現させていくためには、学習者の発話を組織化していく教師の支援が重要であ

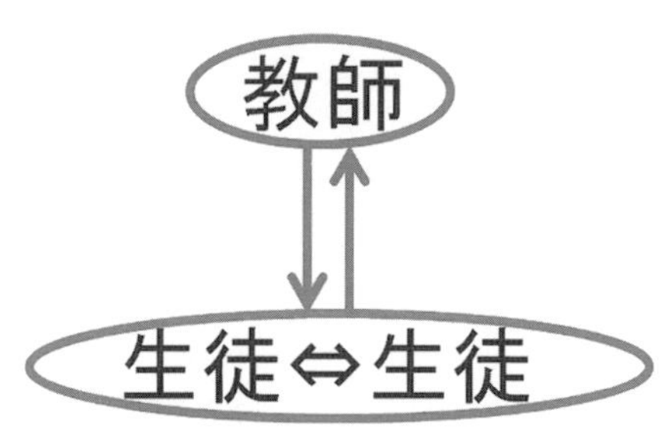

図7-1　相互交流

る。この組織化の契機となる教師や生徒の発言内容を研究することは大変意義深いと考えられる。

7-2　学習指導案を作成する際のチェック項目

授業では、学習指導と児童・生徒指導とを一体化させる必要がある。例えば、指名されたときに、はいという返事もなく、座ったままぼそぼそと発言されるようなクラスの雰囲気ができてしまった際は、児童・生徒指導を改善していく必要があるだろう。つまり、学習指導案作成の営みは、学級経営という側面がある。そこでは、自由な発想が認められ、発言に対する受容的な雰囲気のある学級をつくることをベースとして作成していくのがよい。指導の実際を想定すると、一般的に次の①から⑨のような注意点が考えられる。

① 児童・生徒たちが保有する授業前の興味・関心
② 教える事柄（児童・生徒たちの視点）、考えさせる事柄（教師の視点）の明確な区別
③ 多様な学習活動（一斉・グループ・個別、話合い、作業、ものづくり活動等）
④ 学習指導要領や教科書の確認
⑤ 板書（授業後に復習しやすいようにまとめられているかを確認）
⑥ 主発問（コア発問）・補助発問（サブ発問）、間の取り方（ウェイトタイム）、指名のタイミング、反応の受けとめ方（教師の対応）、指示したり、考えさせたりする呼びかけ、発問の当て分け等
⑦ ノート・ワークシート（テスト対策用のノートではなく、理論を構築するような記述になっているかを確認）
⑧ 教師の位置と動き（計画的な机間指導）

⑨　評価の観点（次の授業に繋げていくための事柄を整理）

以上を踏まえ、展開の部分（学習活動・内容・指導上の留意点）を中心にした学習指導案作成上のチェックリストを作成すると、次のようになる。

〈内容〉本時の内容では・・・

- □　中心の概念（コア概念）と周辺の概念（サブ概念）との関係を説明する際、どのような知識・技能が必要ですか。また、それらは横断的に関係付けられるものですか。
- □　中心の概念（コア概念）に無理なく至る論理展開について、図を用いて（例えば、フローチャート）で書くことはできましたか。
- □　どのような法則、原理・原則、事実、命題、概念、経験、等が必要ですか。
- □　論理展開の中で既知の内容と未知の内容とを分けて計画を立てていますか。また、既知の内容の中には、学校知と日常知があることを想定して計画を立てていますか。
- □　素朴概念を含む既知の内容を活用しながら、新しい内容が学習できるような展開ができていますか。

〈発問〉本時の内容では・・・

- □　素朴概念を科学概念へと変容させる発問はありますか。
- □　既知の科学概念を想起するような科学用語や計算を求める発問はありますか。
- □　現象説明や理由説明を求める発問はありますか。
- □　言葉だけでなく、図・グラフで説明を求める発問はありますか。
- □　予想・仮説を求める発問がありますか。
- □　生徒が誤答を述べたとき、別の発問の仕方ができるような対応を考えていますか。
- □　生徒の理解度に応じた発問の当て分けができる発問計画を想定していま

すか。

□ 発問に対する指名の仕方は考えていますか。

（「今日は○月○日なので出席番号○番の○○さん。」など意味のない指名は避ける。）

□ 評価に繋がる発問は準備していますか。

〈学習態度〉本時の内容では・・・

□ 観察、実験を含みますか。それは、どのような実験（個別実験、グループ実験、演示実験）ですか。

□ 観察、実験が授業展開のどこに位置づけられていますか。教育的意図は明確ですか。

□ 観察、実験の場面設定にある論理展開は、矛盾なく説明されるものであり、児童・生徒たちが主体的に活動できるような内容になっていますか。

□ 観察、実験の際に行う発問の教育的意図は明確ですか。

□ 観察、実験の結果をどのように整理しますか。グループ発表、個別発表、レポート発表ですか。その際に、ICT機器の活用を行いますか。

〈教材・教具〉本時の内容では・・・

□ どんな教材（実験装置・器具、薬品、資料等）を使いますか。

□ 実験をする場合は、予備実験をしましたか。想定される事故を考慮し、安全に実施できるような工夫をしていますか。

□ 予備実験を踏まえて、使用教材の数・量を決めましたか。それは、限られた予算の中で遂行できる数・量ですか。

□ ICT機器の活用を行いますか。例えば、電子黒板、パソコン等を活用するとき、一番後ろの席から見ることができますか。

□ 使用する教材は、授業展開のどこで使いますか。教育的意図は明確ですか。

〈指導上の留意点〉本時の内容では・・・

□　学習指導上のポイントは明記されていますか。教育的意図は明確ですか。

□　観察、実験のポイントに対する指示がありますか。教育的意図は明確ですか。

□　観察、実験の安全上のポイントに対する指示がありますか。教育的意図は明確ですか。

※　最終チェックとして、学習指導案に記述した教育活動を『教育的意図が明確かどうか』という観点で確認してみると、より配慮が行き届いた学習指導案になると考えられる。

7-3　学習指導案の実際

学習指導案の形式は、各地域の教育委員会や、各学校の方針等により若干の違いが見られる場合がある。教育実習で、学習指導案を作成するときは、各学校における学習指導案の形式に従って作成するとはいえ、疑う余地もなく記述される内容項目は実質的共通性がある。ここでは、一般的な学習指導案を想定し、記入する際のポイントを示すことにした。

第○学年○組 ○○科学習指導案

日　時：○○年○月○日（○）第○限
指導者：(職名）○○　(氏名）○○　○○
場　所：○○教室

1　単元（題材）名　○○○○○

【教育課程にある単元名を主に使う。なお、教科等の特性から、音楽、図画工作等は題材と呼ぶことがある。】

2　単元（題材）の目標

○○○○○○○○○○○○○○○○○○○○○○○○○○○○○○○できるようにする。

【単元を通して何が目標になるのかを明確にする。学習指導要領を参考に各学年で到達すべき内容をまとめながら、児童・生徒の学習活動を支援する教師の立場で記述する。】

3　指導に当たって

(1) 教材観

どんな学習内容で、どんな教育的意義があるのか、など単元の意義を踏まえながら、学習内容や指導事項がどのような位置づけになるのかを系統的に見て書く。

(2) 児童観・生徒観

学習内容に対する児童・生徒の興味・関心や意欲、あるいは、これまでの学習の様子や実態などについて述べたうえで、学習目標に向かって、単元の内容とどんな関わり方をするのかを書く。

(3) 指導観

理科教育のカリキュラムの中で当該教材・内容の占める位置、例えば、学問的・内容的な分析と解説、既習の教材・内容との関わりや今後の展開等が示される。さらに、この教材に関連する児童・生徒の認識状態・生活経験、学習指導上のポイント等が示される。

【学習指導案を書くに当たっては、実際の指導を行う前に教材観、児童観・生徒観、指導観等を捉えたうえで、指導計画と評価計画を立てることが重要となる。指導計画については、単元の目標の達成に向けてどのような手順で指導をするのか、また、評価計画については、どの場面でどの観点のどのような事項を評価するかを明確にしておきたい。】

4　単元（題材）の指導計画（全○時間）

<table>
<tr><th rowspan="2">次</th><th rowspan="2">小単元名
(学習内容)</th><th rowspan="2">学習活動</th><th rowspan="2">評価基準</th><th colspan="3">評価の観点</th></tr>
<tr><th>知</th><th>思</th><th>学</th></tr>
<tr><td rowspan="2">一(第○~○)</td><td rowspan="2"></td><td></td><td></td><td></td><td></td><td></td></tr>
<tr><td></td><td></td><td></td><td></td><td></td></tr>
<tr><td rowspan="2">二(第○~○)</td><td rowspan="2"></td><td></td><td></td><td></td><td></td><td></td></tr>
<tr><td></td><td></td><td></td><td></td><td></td></tr>
</table>

注 1) 評価の観点は、各教科の特性を踏まえ「知識・技能」「思考・判断・表現」「主体的に学習に取り組む態度」の 3 観点で書く。原則として、おおむね満足できる状況を示し、単元の学習を通して目指す子どもの姿を「○○しようとする」「○○することができる」等、主語は子どもとした文末にする。なお、文末に（　）で評価の観点を明示したり、表中に評価の観点の欄を設け、該当する場合は○印を付けたりすることで評価の観点が分かるようにする。
【知識・技能】「まとめている」「理解している」「説明することができる」
【思考・判断・表現】「気付いている」「表現している」
【主体的に学習に取り組む態度】「前向きに○○しようとする」「関心をもつ」

注 2) 鳥観図のようなイメージで、単元の構成と時間配分、評価計画及び本時の位置が分かるように示す。

注 3) 指導と評価の一体化をより一層図る観点から、指導計画に評価計画を位置づける。

5　本時の学習（第〇次第〇時）

(1) 小単元名〇〇〇〇

(2) 本時のねらい

【「〇〇できるようにする」「〇〇を育てる」等の観点別に示された評価規準を、本時のねらいとし、何を目指して指導するかを、教師側の立場として具体的に記述する。また、本時の学習内容に関わりのある単元等を、他教科等も含めて書くようにする（省略可)。】

(3) 準備物、資料等

【本時の学習は、それまでの児童の学習の様子を踏まえ、どのような課題を扱い、どのような手だてや支援をしていくかを明確にしておきたい。ただ、この欄に教科書は特に書く必要は無いが、教科書以外の資料は必ず出典を明記するようにする。】

(4) 本時の展開

時間	学習活動	指導上の留意点	評価（観点、方法）
〇分			
〇分			
〇分			

注1)　【時間について】時間は「2分」「3分」など分刻みで書かないこと。具体的には「5分」「10分」のように、おおまかな目安時間として書いた方がよい。実際には、予定通りに進行しないのが授業なのである。学習指導案には、可能な限り予期される児童・生徒の発言等を盛り込み、様々なパターンに対応できるような準備をすべきである。そうした準備を踏まえて、授業中に重要な意見が

出れば、それを深めていけばよいし、重要な意見が出なければ、学習内容を深めるために教師が何らかの支援をしていけばよい。そうした対話的な授業を実践する場合は、たとえベテランでも、分刻みに授業を進行させることは不可能である。そもそも、分刻みで淡々と進行させるのが、学習指導案の目的ではない。

注 2) 【展開について】実際に、授業を行うに当たって直接関係してくるのが、〈展開〉の部分であり、最も重要である。ここでは、当該教材・内容を、自分のクラスの児童・生徒に教える場合、本時の目標を達成するには、児童・生徒にどのような活動をさせるとよいのか、について具体的に考えることができる。例えば、教師の発問に対し、予期される児童・生徒の返答を考えると、次に教師は何をすべきか、どういった展開にすべきか、を考えることができる。もちろん、授業は生き物と言われるように、常にある種の「ずれ」が生じる。〈展開〉の部分は、「ずれ」に対する挑戦なのである。

注 3) 【板書計画について】授業のねらい、児童・生徒の予想、授業で分かったこと、などの項目が明らかに整理される板書は、ベテランだからできるものではなく、教材研究を深く行ったうえで、板書事項を計画して初めてできるものである。

7-4 学習指導案（略案）の作成

前節で述べた作成方法を参考にして、巻線作業体験がもたらす電気への感謝を伝えるような電気の基礎実験の授業を想定して、学習指導案（略案）を書く活動を行った。学習指導案（略案）とは、実際に指導する本時の学習の部分を中心に記述した学習指導案のことである。対象者は、愛知県内私立大学教育学部に在籍する初等教育教員志望者第 2 学年 53 名（男子 39 名、女子 14 名）であり、既に OES 研究所の手振り発電パイプ等を用いた授業実践をしている学生である。以下は、小学校 6 年生「私たちの生活と電気」の単元の学習指導案（略案）である。

第6学年 理科学習指導案

日　時：2022年9月28日（水）第1限
指導者：（職名）教諭　（氏名）○○　○○
場　所：429教室

1　単元（題材）名　私たちの生活と電気（2時間目／全10時間）

2　授業のねらい

発電の仕組みについて、問題を見いだし、表現するなどして問題解決する。

3　準備物、資料等

手振り発電パイプ、検流計、磁石、方位磁針、ワークシート

4　本時の展開

時間	学習活動	指導上の留意点	評価
10分	【前時の復習】身の回りで使われている電気について、気付いたことを話し合う。 【問題発見】また、地震などで停電して困った体験を紙芝居にして話す。 【予想する】 T：つくったりためたりした電気は、乾電池の電気と同じような働きをすると思いますか。	・日常生活を振り返りながら、生活の様々なところで電気が利用されていることに着目させる。 ・停電で困った体験を紙芝居にして、読み聞かせることで、自分事として捉えさせる。 ・災害時用の機器の中を見せるなどして、コンデンサーという部品に電気がためられていることを伝える。	【思】
	作ったりためたりした電気は、乾電池の電気と同じ働きをするのだろうか。		

25分	【実験】手振り発電パイプを製作し、実際に実験を行うことで、なぜLEDが点灯するのかについて、考える。 【話合い活動】実験結果をもとに話し合う。 【検証実験】手振り発電パイプで、LEDが点灯する原理について実験する。 ・磁石がコイルを出入りして動いているときに電気が発生する。	・手振り発電パイプの振り方と、磁石やLEDの点灯の様子の関係に着目させる。 ・実験結果は、ワークシートに記録させる。 ・電流計の指針の動きに一定の法則性があることに気づかせる。 ・N極とS極にも注目して、観察させる。	【知】 【思】
10分	【まとめ】分かったことをまとめる。 手振り発電パイプを速く動かすと、電流の大きさが変わる。	・コイルのそばで磁石を動かすとコイルに電気が生まれるということを認識させる。	【思】

【知】；知識・技能、【思】；思考・判断・表現

以上のように、導入場面で、教師が紙芝居を作成するなどして、学習者に読み聞かせることで、自分事として考えることがしやすくなることが想定される。なお、大隅（2022）は、停電の状況を端的に物語るものとして、例えば日本映画「サバイバル・ファミリー」（2017、矢口史靖監督、小日向文世主演）があると述べている[37]。今回の学習指導案は、小学生を対象としたものだが、中学生や高校生の場合は、紙芝居ではなく上述のDVD等を活用することも効果的である。

附記

本研究は、JSPS科学研究費助成事業20K14121の助成を受けたものである。

引用文献

(1) 日本経済団体連合会（2014），理工系人材育成戦略の策定に向けて，https://www.keidanren.or.jp/policy/2014/013.html（2022年9月7日アクセス）.

(2) 文部科学省（2015），理工系人材育成戦略，https://www.mext.go.jp/a_menu/koutou/sangaku2/1351875.htm（2022年9月7日アクセス）.
(3) National Research Council of the National Academies. (2012), A framework for K-12 science education: Practices, crosscutting concepts, and core ideas, The National Academies Press, 54-56.
(4) 白濱弘幸，細田宏樹，岳野公人，山岡武邦（2016），「K-12科学教育のためのフレームワーク」に基づいた結晶構造モデルに関する授業実践，電気学会論文誌A（基礎・教材・共通部門誌）Vol.136（10），641-648.
(5) 奥村仁一，熊野善介（2018），「高等学校生物におけるBio-STEM教育を取り入れたPBLによる領域横断的な科学的思考の変容に関する実践的研究」『静岡大学教育実践総合センター紀要28』，125-133.
(6) 文部科学省（2019），高等学校学習指導要領解説理科編理数編，東京書籍，1-177.
(7) 文部科学省（2009），高等学校学習指導要領解説理科編理数編，実教出版，1-232.
(8) NSTA (2015), The Power of Questioning: Guiding Student Investigations, NSTA Press, 1-58.
(9) Bruner, J (1961), The process of education, Harvard University Press, 33-54.
(10) 梶田叡一（1983），教育評価，有斐閣双書，44-47.
(11) 小川正賢（2006），科学と教育のはざまで 科学教育の現代的諸問題，東洋館出版社，38-43.
(12) NSTA (2015), The Power of Questioning: Guiding Student Investigations, NSTA Press, 1-58.
(13) 山岡武邦（2003），学習の定着度の現状を確かめる理科教育の在り方（Ⅰ）―物理ⅠＢの定期考査を事例として―，日本理科教育学会四国支部会報，3-4.
(14) バーライン（1965），橋本七重・小杉洋子訳（1970），思考の構造と方向，明治図書，298-300.
(15) Novak, J., Mintzes, J., & Wandersee, J. (1998), Teaching Science for Understanding: A Human Constructivist View, Academic Press, 272-273.
(16) Osborne, R., and Freyberg, P (1985): Learning in Science The implications of childreńs science, Heinemann, 21-26.
(17) 山岡武邦，白濱弘幸，松本伸示（2016），小学生のためのLEDを用いた教材「光の足し算器」の開発と評価―テキストマイニングによるアンケート分析を通じて―，日本エネルギー環境教育研究10(1)，9.
(18) Takekuni Yamaoka, Shinichi Okino, Shinji Matsumoto (2022), Formation and Reconstruction of Naive Concepts among Science Undergraduates at National University, Journal of research in science education, Vol.63(1), 179-188.

(19)前掲書(17)，3-9.
(20)小川正賢（1998)，「理科」の再発見―異文化としての西洋科学，農山漁村文化協会，45-47.
(21)青少年のための科学の祭典松山大会実行委員会（2015)，第21回青少年のための科学の祭典松山大会実験解説集，一宝堂印刷株式会社，1-57.
(22)藤川聡・安藤茂樹（2011)，『エネルギー変換に対する生徒の関心・意欲を育てる「青色LEDインテリアランプ」の開発と実践』，日本産業技術教育学会誌53(2)，pp.107-114.
(23)樋口耕一（2014)，社会調査のための計量テキスト分析 内容分析の継承と発展を目指して，ナカニシヤ出版，1-16.
(24)タイ国教師向けSTEM教育プログラムの開発と実施－2　―UNESCO-SEAMEO-STEM教育センターのオンライン“Power Up”プロジェクトの事例―，日本科学教育学会研究会研究報告Vol.36(6)，21-24.
(25)稲田結美（2019)，女子の理科学習を促進する授業構成に関する研究，風間書房，60-69.
(26)前掲書(24)，21-24.
(27)Blackburn, B. (2014), Rigor in Your Classroom: A Toolkit for Teachers, Routledge, 37-38.
(28)Ogle, D. (1986), K-W-L: A teaching model that develops active reading of expository text, Reading Teacher, 39(6), 564-570.
(29)Walsh, J., & Sattes, B. (2011), Thinking through Quality Questioning, Corwin Press, 169-170.
(30)Pope, G. (2013), Questioning Technique Pocketbook, Teachers' Pocketbooks, 84-85.
(31)NSTA (2017), The Power of Investigating Guiding Authentic Assessments, NSTA Press, 12-15.
(32)産経新聞社会部（編)(1998)，理工教育を問う：テクノ立国が危うい，新潮社，7-8.
(33)大隅紀和（2019)，～モノ作りから楽しむ～電気の基礎実験・講座テキスト2019/21年版“Let's Power On!”，OES研究所，pp.24-27.
(34)山岡武邦（2021)，発問フレームワークに依拠した理科授業の開発，35-88，風間書房.
(35)斎藤喜博（1965)，一つの教師論，国土新書，106-111.
(36)宮崎清孝（2009)，子どもの学び教師の学び － 斎藤喜博とヴィゴツキー派教育学，一莖書房，161-164.
(37)前掲書(24)，21-24.

PART 2

STEM教育に対応する

—手作り機材で楽しむ実験
面倒な実験を楽しくする—

「手振り発電パイプ」と「巻線機ジョイ」

PART 2 はじめに

いまから約20年前、新世紀2000年を迎える頃、米国からSTEM教育（Science, Technology, Engineering, Mathematics 教育）の思潮が提唱され、ようやく日本でも話題になりはじめ、STEM教育の取り組みをする学校も増えてきている。

STEM教育をめぐる議論がはじまり、小規模な試みが各地で見られる。しかし残念ながら、いまだにSTEM教育は何か、実践の具体的な指針は明確ではない。これまでの伝統的な学校教育、なかでも理科教育や技術家庭科の教育にSTEM教育が別の角度からインパクトを与えるとの指摘も見られない。

本書のPART2ではSTEM教育に対応するための、手作り機材で楽しむ実験の具体的な事例を紹介している。それに先立って、STEM教育の目指す具体的な教育活動について少し考えてみたい。

「STEM教育は、未来のイノベータを育てる」

あえて提案するなら「STEM教育は、未来のイノベータを育てる」に尽きる。

なぜならSTEM教育の提唱のきっかけは、変化と発展の激しい将来の社会で科学技術者の不足が深刻に懸念されることだった。これからの将来、多種多様な分野で予測できない先進的なハイテク技術が展開し社会変化が生じる。それに関わる多数の人材を育て、社会変化の波を適切に発展させていく人材を育てる必要がある。

よく言われる「SDGs (Sustainable Development Goals)、持続可能な開発目標」と一致する考え方である。そのため学校教育の段階から革新的な科学、工学、技術、数学（つまりSTEM教育）を開始する必要性が指摘されたのである。

それには幅広い題材が候補になるだろう。STEMに共通する基盤の一つは、まずは基礎レベルの電気実験である。私たちの暮らしや仕事は、電気が無くては一刻も成り立たない。電気の基礎実験こそ科学、工学、技術、数学の多様なフィールドをつらぬく共通基盤である。

このPART2ではSTEM教育の議論をするものではない。しかし、STEM教育が主張される機会に、具体的な題材を話題にして基礎レベルの科学教育のあり方を探究したいのである。

モノづくりで、厄介な電気の基礎実験を得意なものにする

筆者は一介の老書生に過ぎないが、困難に直面している子どもたちや先生方に救いになる題材を工夫すること、それが最も優先する仕事だと思っている。いまの時代、モノは豊かになったが、必ずしも子どもたちと先生たちにとって幸せな状態とは思えない。日々の実践に自信を持っている人が少ないし、苦労や困難を抱えている人のほうが多いように見える。

例えば小中学校や高校の理科の実験に絞ってみる。先に指摘したSTEM教育の基礎レベルの電気実験に自信を持って取り組んでいる人が、どれだけおられるだろうか。

実験は厄介で苦手だから板書の説明で済ませる人が多いのではないだろうか。実際、いい加減な実験をするよりは、板書で丁寧で分かりやすい説明が、混乱は少なくて効果的である。実験は必要だと主張する人たちがいる。実験に多大の時間と労力、そして神経を使うことを知らない人、つまり実験を経験したことのない人の言い草である。

実験観察するには、使い慣れない計測器や多彩な材料を準備し、予備実験を経験しておかねばならない。それでいて実験観察する現象は、必ずしも鮮やかに印象的なものになるとは限らない。だから子どもたちは消化不良になる。結局は、教科書の解説を記憶するのが賢明だということになる。

先生たちに自信が無くて、教えることに喜びを感じられないなら、子どもたちが楽しく学べるはずがない。

苦手を克服するミラクル—「手振り発電パイプ」と「巻線機ジョイ」

STEM 教育の潮流は、この状況を打破し革新することを迫っている。

未来のイノベータを育てるには、改めて実験とモノづくりが欠かせない。しかし学校は年間計画の授業の進捗だけでも苦労している。新しい取り組みをする余裕はない。

取り組むとすれば、「短期間で集中的に、その効果が持続すること。しかも日常の授業に好ましい効果を及ぼすこと」である。

そして「簡単な準備で、成果が目に見えること」である。

しかも、その新しい取り組みが、これまで厄介で苦手とされてきた題材を克服できれば申し分ない。

STEM 教育を推進するには、これらに具体的に対応しなければならない。そんなミラクルのような対応ができるか？

その挑戦に、本書で応える具体案を提供したい。題材は、多数の先生たちが厄介で苦手としてきた電気の実験である。電気はビリッとしておっかない。その経験を持つ人も少なくない。それでもチャレンジしてみたい。困難を乗り越えるとミラクルが経験できること請け合いである。

その特効薬が、手振り発電パイプと巻線機ジョイである。

思い切り身体を使って発電する—手振り発電パイプ

手振り発電パイプの実験で、厄介だった電磁誘導がシンプルに、しかも鮮やかに観察できるようになった。しかも、これを使う実験はネット技術の変化や IC カードの無接点の給電技術の発展に繋がる実験である。そして STEM 教育で不可欠な話題に広がっていく。

私たちは、「新しいモノ好き」である。ともすれば目新しいモノに気が引かれる。

スマホが猛烈に普及してきて、いまやデジカメは影が薄くなった。スマホをかざしあってモノの代金の支払いが済む。IC カードをかざして改札口を通過する。それが当たり前になっている。

「ネットのモノ」という「IoT」技術は、特に意識しないうちに家庭に入り込んできている。スマート・スピーカーに声で命じる。あるいは遠隔地からのスマホ操作でエアコン、炊飯器、風呂沸かしなどができる。家庭にいながらネットを通じてモノを購入し、会議をし、授業をし、海外の人や組織とも交流する。

新時代の理科教育と STEM 教育を進める決め手

それは先生の一人ひとりが、みずからのアクティブ・ラーニングで鮮やかな電気実験を実現することではないだろうか。

変化の激しい、しかも前途の展開が不透明な時代がつづく。そんなとき、はやく苦手を克服して、自分の味方にする。それを武器とエネルギーにして新時代の波を軽々と乗り切ってほしい。

CHAPTER

1 ダイナミックな「手振り発電器」を作りたい―鮮やかな電磁誘導の実験にも使いたい！―

1-1 発端は、愛用してきたモデル

筆者らが挑戦した手づくりの「手振り発電パイプ」には、お手本にしたモデルがある。

それは、手のひらサイズで商品名は「発電原理実験器」。これは長く親しくしてきたN社の製品である（**写真1-4**）。それ以外にも、同じような実験器具が市販されている。

筆者らは、すでに何個かを購入して、長く使ってきた。メーカの製品だけに堅牢な作りになっている。この実験器の謳い文句は「発光ダイオードの点滅現象を観察し電磁誘導による発電の原理を発見理解させる」である。

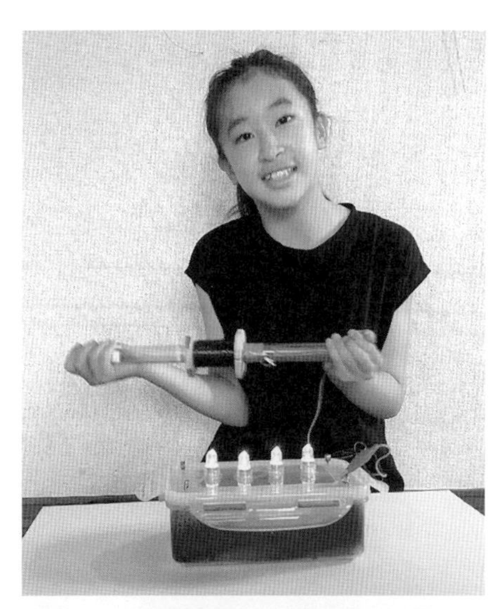

写真1-1　手振り発電パイプでLEDを点灯する実験
（モデル協力、小学校6年東ほのみ）

しかし謳い文句に比べると、何ともサイズが小さい。そこで、様々な過程をへて実現したのが手振り発電パイプ（**写真1-1**）である。

これを使って発電の原理だけではなく、2章で紹介するように、鮮やかに電磁誘導の基本の実験観察ができる。

筆者らは、もっと大きなものが作れないか。それが長年の思いだった。そうでないと、謳い文句の「電磁誘導による発電の原理を

発見理解させる」は、なんとも空虚になる。

そうこうしている時期に、米国から2010年前後にSTEM教育の思潮が流れ込んできた。これまで以上に科学・工学・技術・数学（Science, Technology, Engineering, Mathematics）の教育を進める。その基盤の一つは、まちがいなく電気である。

電気がなくては一日たりとも、まともな暮らしや仕事ができない。

それは、突然の停電で経験するとおりである。ならば電気を起こす「発電の原理」は、本気になって見直さなくてはならない。

こうして積年の思いに真剣に取り組むことになった。

1-2　インターネット技術は、電磁誘導を土台にしている

ここで紹介するのは手振り発電パイプだが、実は今日のインターネット技術を知るうえで、これが決定的な実験機材の一つである。

手振り発電パイプは、透明パイプにエナメル線を巻きつけ、その中に円形磁石を入れたパイプを手振りすることで発電する。構成要素は、エナメル線のコイルと磁石だけである。これが発電所の巨大発電機の原理に共通しているだけではない。見落としてはならないのはエナメル線、つまり銅線に磁石からの電磁誘導で電流が発生する。これがインターネット技術の基盤である。

私たちはスマホをかざして支払いを済ませ、駅の改札を出入りし、ネットで買い物する。遠隔地の知人やグループと話し、会議に参加し、講義を受ける。旅行の予約をするなど多彩なネット関連の技術のなかで暮らしている。

これらの土台は銅線（Copper wire）に流れる電流を基本層としている。

そして、それらの応用技術は家庭や職場に来ている光ファイバー、さらには電磁波と幾重にも層（レイヤー）をなして実現している。だが、もとをたどればファラデーの電磁誘導である。だからこそ基礎レベルの事象を経験しておく。それが未来のイノベータに欠かせない。

あまりの意外さに戸惑われるかも知れないが、ここで述べる「手振り発電パ

イプの実験」は、ネット技術の基礎を学ぶことに繋がるのである。

1-3 STEM 教育は「未来のイノベータを育てる」こと

STEM 教育は「未来のイノベータを育てる」ことに集約される。そうであるなら、モノづくりである。素材を集め、点検し、計測する。切断や穴あけ作業をする。パーツを選定して、組み立てる。それで試作をする。失敗点やダメな点を洗い出し、改良をする。試作を繰り返して、モノを作っていく。それらの長い日々を経験し、そこから学ぶ。

その一つひとつのステップにこそ、イノベータが育つ要因がある。

ならば、長年の課題にしてきた「発電の原理」の実験をモノづくりからスタートする。

そして筆者らも、みずからイノベータとしての汗と涙の苦闘を経験しなければならない。そうして、ようやく誕生したのが「手振り発電パイプ」だった。

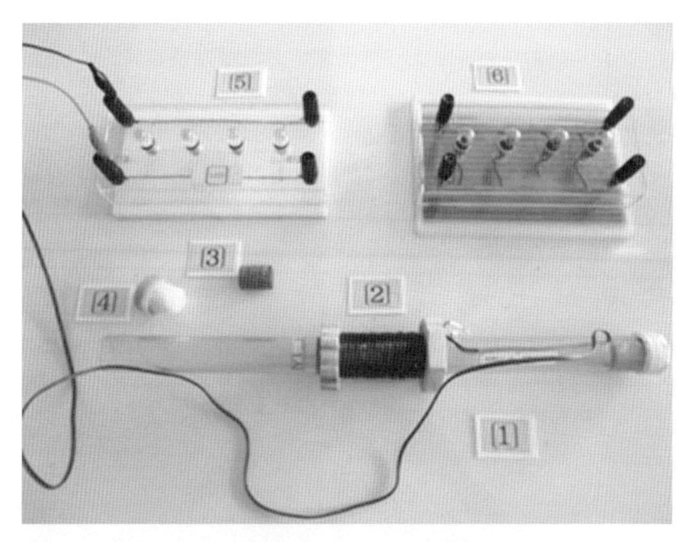

写真 1-2 手づくりの「手振り発電パイプ」の実験セット

写真 1-3　手づくりの【手振り発電パイプ】で電飾デコレーションを点灯させる

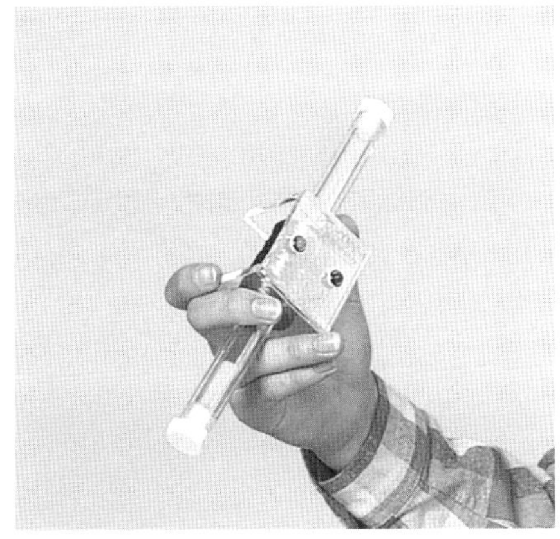

写真 1-4　市販されている「発電原理実験器」の例（広告から引用）
寸法（mm）210 × 45 × 50 コイル 2500 回巻

1-4 手づくり「手振り発電パイプ」が活躍する —身近にある各種のLED、その点灯実験に使える—

世の中の変化は早い。21世紀のはじめ、いまのようなLED電球の普及は誰が予想しただろう。カー用品もそうである。ヘッドランプ、指示器、そして車体のイルミネーションもLEDである。キャンプや夜間の外出に欠かせないヘッドライトもそうである。

ここで制作した手振り発電パイプを使って、それらの点灯を試したい。

写真1-5～1-8は、その一例である。

写真1-5に示すようにプラスチック容器のフタに4個の豆電球ソケットを取り付ける。4個のソケットは、フタの裏側で並列接続している。その接続には銅線2本を使っている。銅線の両端はフタに取り出して、先端を小さく丸めてターミナルにしている。これを1ユニットとして数個を用意しておきたい。

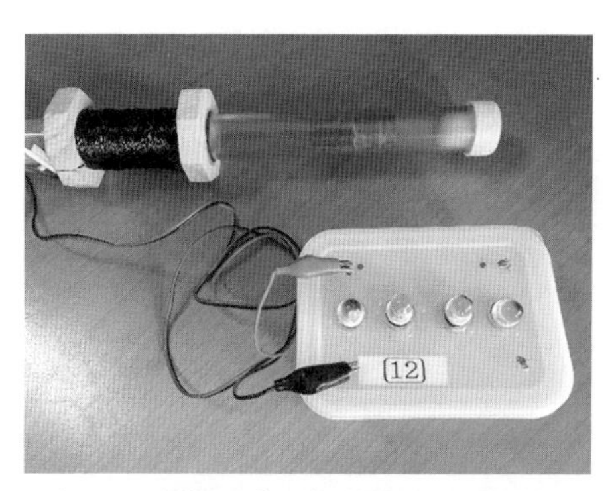

写真1-5　手振りパイプに接続する豆電球台

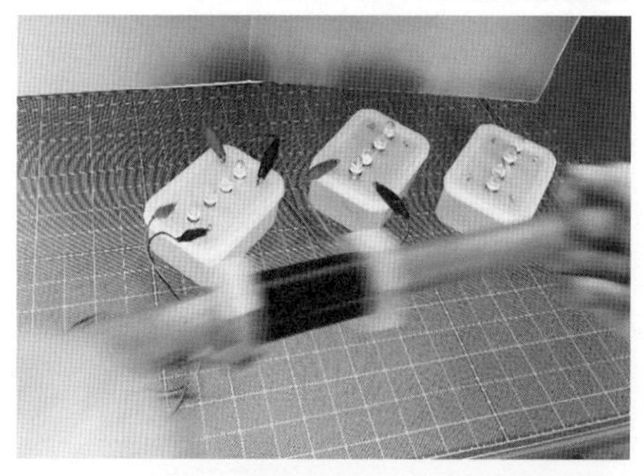

写真1-6　LED豆電球4個×2台、8個が点灯

写真1-6は、その3個のユニットを用意している。ユニットを2個接続すれば、LED豆電球の数は8個になる。こうすれば、手振り発電パイプで何個のLEDが点灯するか実験できる。

写真1-7は、市販の懐中電灯のヘッドの部分をプラスチック容器に固定している。これで手振り発電パイプに接続して点灯実験に使うことができる。

写真 1-8 は、板切れの上にリード線付きの LED 豆電球を 4 個並列接続している。手振り発電パイプを接続して点灯実験している様子を示している。

最初に使った**写真 1-3** は、手振り発電パイプでクリスマス・電飾デコレーションの点灯を試している。

このように手づくりした「手振り発電パイプ」は、身近に出回っている様々な LED の点灯実験に使うことができる。

これらの実験は、つぎに記す電磁誘導の実験へのアトラクティブな導入活動にすぎない。「手振り発電パイプ」の最も重要な目的は、電気の発電の原点をさらに探索することにある。

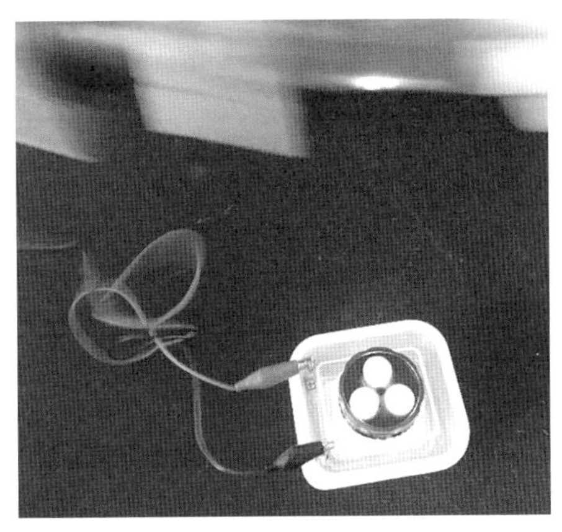

写真 1-7　懐中電灯のヘッド部分も点灯する

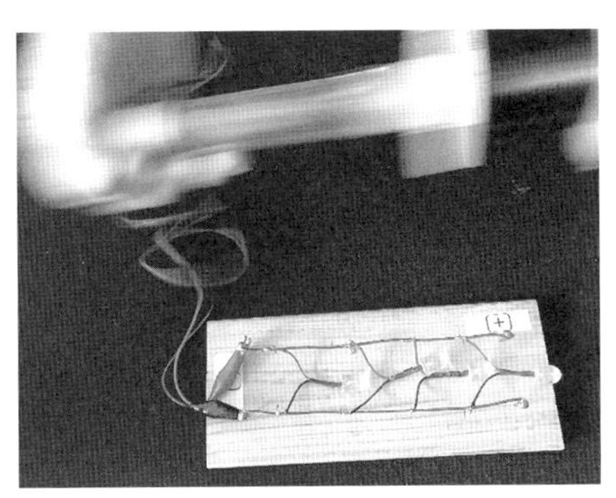

写真 1-8　LED4 個の並列ユニットが点灯する

CHAPTER

2 「手振り発電パイプ」で電磁誘導の原点に到達する―これぞ、電磁誘導の実験の決め手！―

手振り発電パイプの中に磁石を入れ、パイプを両手で振って磁石をコイルの中で動かすとLEDが点灯する。ここで「それはなぜか？」を解明する。

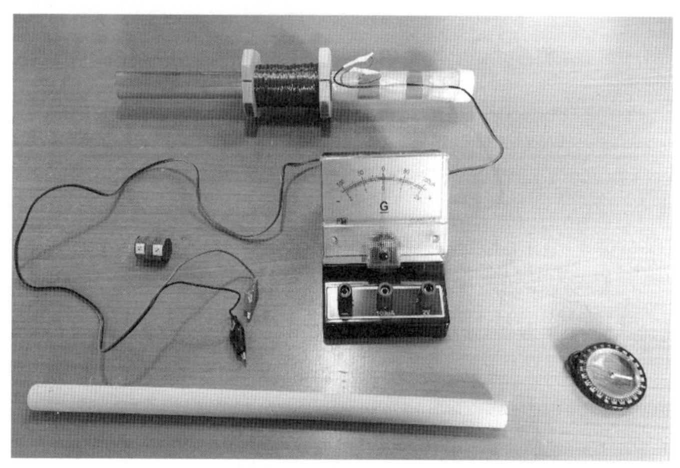

写真 2-1　電磁誘導の決め手となる実験
使う機材は、手振り発電パイプ、検流計、木の丸棒、パイプに入れる磁石、方位磁針など

2-1　検流計（ガルバノメータ、Galvanometer）

この実験に使うのは、ごくありふれた指針型（アナログ型）の検流計である。他になんの電源装置も使わない。安全でシンプルな実験・観察である。

LEDを点灯させるときのように立ち上がって、思い切りパイプを手振りすることはない。パイプは机の上に横にしておく。パイプのなかに丸棒の先端に取り付けた磁石をゆっくりと挿入する。そして椅子に座って落ち着いて実験する。

この実験で使う検流計のガルバノメータこそ、電気の発生を発見したガルヴァーニにちなんでいる。

STEM教育は、科学技術の近代史も話題にすることを推奨している。だから、是非とも彼の発見にまつわる逸話を題材にして、子どもたちに歴史への興味・関心を高める配慮をしたい。ここでは、それは別に扱うことにして直面している実験観察に取り組んでみよう。

2-2 準備、使う機材は、手振り発電パイプのほか数点

準備するのは、(1) 手振り発電パイプ、(2) 検流計、(3) 木の丸棒、(4) パイプに入れる磁石、(5) 方位磁針である。

電気の起こるメカニズムを落ち着いて、ゆっくり繰り返して観察するためにはデジタル型ではなく、アナログ（指針型）検流計を使う。木の丸棒はパイプの内径が20mmなので、直径18mmくらいが好都合である。長さ25～30cmにカットして使う。

方位磁針は、パイプに挿入する棒磁石（ダイソーの強力磁石）の極性をチェックするために使う。磁石のN極とS極が分かったら、小さなラベルを磁石に張り付けて明示する。

丸棒の先端に棒磁石を仮に固定するために両面テープを使う。あるいは頭の平たい画鋲を丸棒の先端に固定して、それに棒磁石を吸着させてもよい。

いずれにしても、これだけの材料と準備で、意外にも画期的な電磁誘導の実験と観察ができる。

2-3 実験の方法

手振り発電パイプのリード線のワニ口クリップを検流計のターミナルに差し込む。

検流計にプラスのターミナルが2個あるときは、感度のよいターミナル、例えば100μA（マイクロ・アンペア）に接続する。

(1)　丸棒の片側に両面テープか画鋲を固定して、それに磁石を吸着させる。
このとき、先にパイプに入る磁極がN極か、S極かを確認しておく。
実験の順序、ステップとしてN極から始めるのが望ましい。事前に実験ノートまたはワークシートを用意して、観察経過を記録する。

(2)　検流計の指針は中央の「0」の位置にある。文字盤には中央が「0」、右が「＋」（プラス）、左が「－」（マイナス）とプリントされている。
片手に持った木の丸棒をパイプにゆっくりと挿入する。磁石のN極がコイルに入るとき、検流計の指針が大きく触れる。
この現象を初めて目にしたとき誰でも、きっと「あっ」と思うに違いない。その新鮮な感激こそ、電気が生じた瞬間である。

(3)　木の丸棒を止める。つまり磁石の動きが止まると、検流計の指針は「0」となって電気は起こらない。

(4)　磁石をコイル部分から引きだすと、指針は逆の方向に触れる。磁石がコイルを出入りして動いているときだけ電気が発生する。

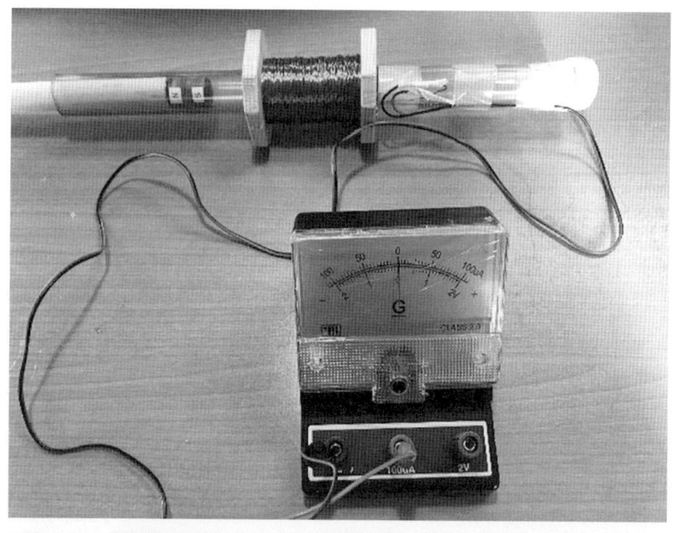

写真2-2　「手振り発電パイプ」の磁石の出し入れと検流計の指針の触れの観察

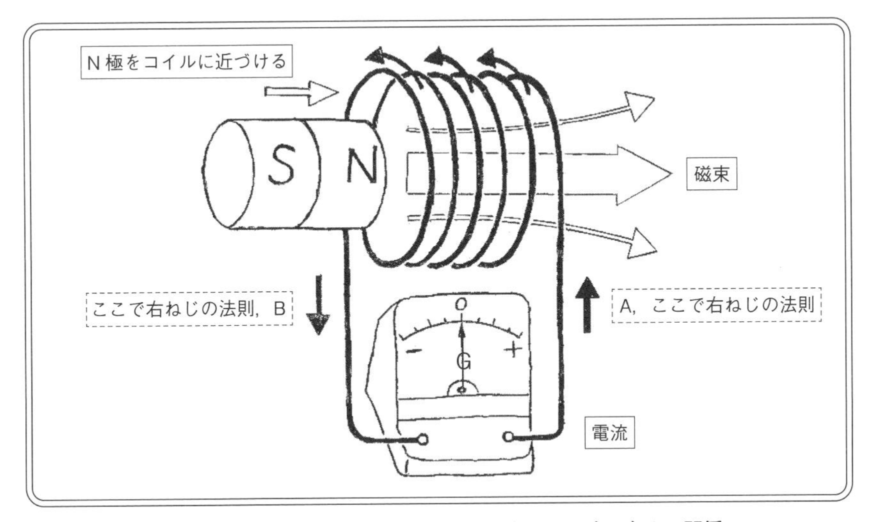

図 2-1　磁石のコイルへの出し入れと、それによって生じる電流の向きの関係

手振り発電パイプでLEDが点灯するのは、この原理によっている。

(5)　木の丸棒を引き抜いて、先端に吸着した磁石の磁極を変える。S極がコイルに入るようにして実験すると、検流計の指針は、N極のときと逆に動く。この実験と観察は、実験ノートまたはワークシートに記録する。

これこそ「電磁誘導による発電の原理を発見し理解させる」ことなのだ。

小学生ならば指針の動き、つまり発電の原理に一定の法則性があることに気づくこと。そして何らかの決まりがあること。これを発見すれば素晴らしい。

ここで中学生以上なら、それが続いて述べるように約200年前に発見されたレンツの法則に従うものだ、と説明できることを学ぶようにしたい。

2-4 テスト問題で好まれる「レンツの法則」、アンペールの「右ネジの法則」

筆者は、ダイナミックな手振り発電器を作りたいという思いからスタートした。そして、様々な試作を続けるなかで、手づくりの実験器具「手振り発電パイプ」を考案して、電気の基本的な法則を鮮やかに観察できるものになった。スタートしたときの「あざやかな電磁誘導の実験にも使いたい！」が実現したのだった。

検流計に「G」とその名を残すイタリア人、ガルヴァーニ（1737-1798）が電気の口火となる発見をした（1780 年)。それに続くレンツとアンペールの物理学者が、それぞれ電磁誘導を理解するための法則を発見している。

バルト・ドイツ人のハインリヒ・レンツ（1804-1865 年）は「磁界の変化によってコイルに発生する起電力は、コイルを貫く磁力線の変化に比例する。発生する電流の向きは、磁力線の変化を妨げるような向きになる」というレンツの法則を発見している（1833 年)。

フランスのアンペール（1775-1836 年）は電流を流すと電流の方向を右ネジの進む方向として、右ネジの回る向きに磁場が生じるという「右ネジの法則」を発見した（1820 年)。

この二つの法則は組み合わせて使うことが多い。

2-5 手振り発電パイプは、200 年前の法則に行き着く

これらの点を考えると、まさに STEM 教育の思潮が、科学技術の歴史も重要視していることに到達する。未来のイノベータを育てるには、近代の科学技術史を実験・観察を通じて学ぶのは必須のことだと思われる。

子どもたちと先生方にとってこの実験が、科学史よりも重視されることがある。各種のペーパーテストでは、この電磁誘導の問題が好んで出題される傾向がある。

それにはいくつかの理由がある。これまで、この種の実験・観察が困難で厄介扱いされる傾向があったこと。そのため板書の説明で教えることが多かったこと。生徒たちは鮮やかに観察できない事象だった。

ここで「磁界」、「起電力」、「磁力線」、「電流の向き」の言葉が出てくる。これらは、もっぱら想像力を生かして理解しなければならない。

「起電力」は、コイルの中を磁石が動くとき、電気が発生する。そのエネルギーだと理解すればよい。それによって検流計の指針が振れて電気が発生する。その電気の流れが文字のとおり「電流」である。

これらを理解するには高次の認識理解、空間認知能力が必要と思われ、それが入試などで子どもたちの能力の選別に使えると思われてきた。

ここに実験重視と言われながら、厄介な実験をしていい加減な理解をするよりは、板書で説明して記憶させるのが効果的とされる傾向が続いてきた原因がある。

「手振り発電パイプ」を使う実験は、このような長く続いている傾向を打破することができるか、どうか。大いに気になるところである。

2-6 レンツの法則の記憶のノウ・ハウ

一つをしっかり覚えること。これに徹することが決め手である。

一つを確実に覚えてしまうと、それが応用できる。逆にたくさんの事象を覚えようとすると、記憶は曖昧になる。応用する手だても無くなってしまいやすい。

具体的にはN極がコイルに入るとき。このときの事象をしっかり実験し観察する。

N極からは磁力線が出ている。N極がコイルに入るとき、コイルに流れる電流は、その磁力線が増えることを邪魔する向きに流れる。

N極がコイルから出るとき、つまり磁力線が減っていくとき、それを阻止しようとする向きに電流が流れる。

あとは、これを応用するのである。S極がコイルに入るときは、N極とは逆になる、と応用すればよい。

2-7 パイプに入れる磁石の磁力線

レンツの法則に「磁界」と「磁力線」が出てくる。これが分からないとレンツの法則も曖昧になってしまう。だからパイプに入れる強力磁石の磁界と磁力線を調べる必要がある。

写真 2-3 ～ 2-5 は、手振り発電パイプに入れる丸形磁石および、その磁界の様子を示している。

ダイソーの磁石は厚さ 5mm である。それでも両側が N 極と S 極になっている。この厚さでは使いにくいので 5 個を吸着させて 1 ユニットにしている。

実験に使いやすくするために養生テープでクルっと保護している。これで指先が汚れることもない。5 個吸着させて 1 ユニットとしたとき、その両端が N 極と S 極になる。

これは小さな磁石が 1 個ずつ吸着して大きな磁石になることを実証している。磁石が、もともと分子磁石であることを示していて、子どもたちにも説明しやすい。

写真 2-3 ～ 2-5「磁石の磁界の記録保存のしかた」は、CHAPTER7 に記述している。

ここでは、これによって目に見えない「磁界」と「磁力線」を考える手がかりになることを強調し

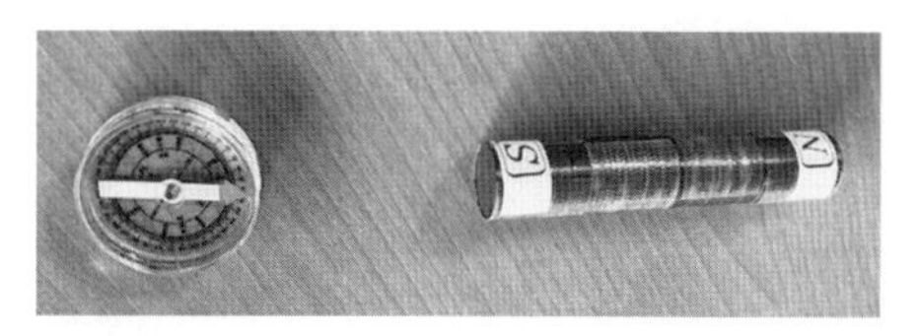

写真 2-3
パイプに入れる磁石
方位磁針で磁極を確認してラベルを貼る

写真は磁石 5 個ユニットを 4 つ吸着させている

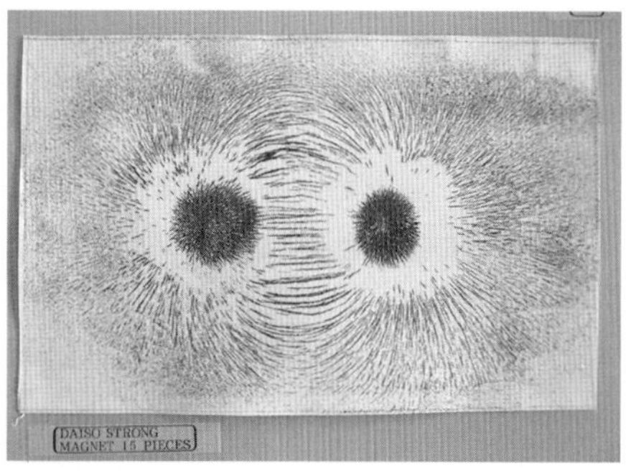

写真 2-4
ダイソーの磁石の上に紙を置き鉄粉をまいてできた磁界の様子（これで磁力線が想像できる）

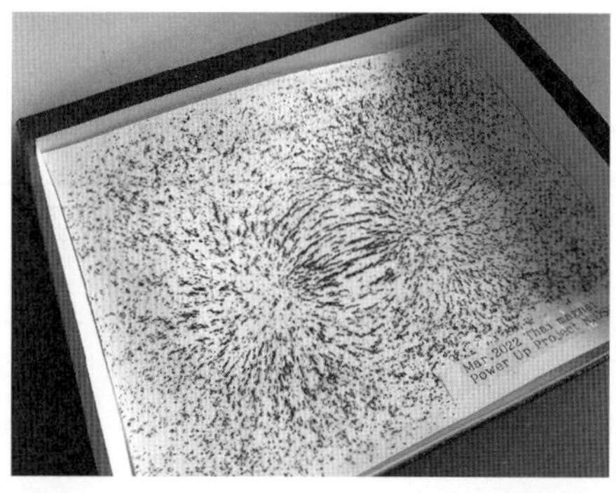

写真 2-5
鉄粉でできた磁界の様子を作品として記録保存する

ておきたい。

磁力線がＮ極から出てＳ極に終る。そのため方位磁針を使えば、Ｎ極とＮ極、そしてＳ極とＳ極の同極どうしは反発しあう。Ｎ極とＳ極は引き合うことが観察できる。

ここまで記述してきた手振り発電パイプ（**写真 1-5** や**写真 2-2**）は、とてもシンプルで簡単な構造である。誰にでも簡単に作れそうに見えるモノである。

じつは、それがなかなか困難で、実際に実験器具を自作した人なら例外なく経験してきている。だからこそ筆者らは、これを誰でも簡単に作ることができるモノにしたい。その強い思いを持ち続け、それを実現するには、かなり長い期間の辛抱強い取り組みをしなければならなかった。

一つは材料の入手である。これは 100 均ショップのダイソーで見つけた強力磁石で解決できた。難関は、手軽に使える「手づくりの木製の巻線機」ジョイを考案することには、長い日時を費やしたのだった。

手振り発電パイプには太さ 0.45mm のエナメル線を使って、じつは 1000 回巻いている。これを手だけで巻きつけるには、労力がかかり多大な時間を費やすことになる。たいていの人は途中で断念してしまう。

苦労話しは礼に失するので、ここまでとする。これに続くいくつかの章で、難関を乗り越えて、楽しみながらモノづくり作業として実現した巻線機ジョイを紹介している。

CHAPTER

3 ICカードの原理―そのモデル実験へ ―手づくり「巻線機ジョイ」を作る―

「手振り発電パイプ」、これを使って手軽に、厄介だった電磁誘導の原理を鮮やかに実験観察することが実現した。この実験器具の考案に挑戦を続けてきて、うれしいことだった。これが電磁誘導の原点である。

だが、それだけで喜んでいるわけにはいかなかった。世の中には、ICカードが出回っている。いまや誰でも数枚のICカードを財布に入れている。駅の改札口で財布をかざすだけで通過できる。

スマホも持っている。スマホとスマホをかざし合うだけで代金の支払いができる。いずれも誘導電流による無接点給電をハイテク・レベルで応用している。

これらは、電磁誘導の応用である。基礎レベルの電気実験として、それらの原理のモデル実験をしたい。手振り発電パイプのコイル巻き作業をするために考案した「巻線機ジョイ」がある。これを使えば誰でもハミングしながら自由にコイル巻きできる。

3-1 市販されているボビンが使えるシャフトを作れ！

開発できたのは手振り発電パイプの直径26mmパイプ、それ自体をシャフトとして、それに直接にエナメル線を巻きつけるタイプの巻線機だった。

ところが、例えば一般に市販されているボビンにエナメル線を自由に巻くには、別のシャフトを工夫しなければならない。このための試作は巻線機ジョイを考案することと同じくらい時間と労力が必要だった。

完成していた巻線機ジョイの主要部分をそのまま使えるようにしたかった。無駄な機材はいらない。一台の巻線機ジョイを可能な限り生かしたい。パーツを工夫するにしても最小限にしたい。しかも扱いが簡単なものにしたい。

物事は複雑にすると解決の道は遠くなる。できるだけシンプルなことが望ましい。

巻線機ジョイにセットするボビンは小さい「P-2G」、大きな「P-5G」の2種類に限定した。この二つのボビンは中心の軸穴は直径15mmである。だから、これに見合うシャフトを用意して、それに固定できるようにすればよい。

写真 3-1
2サイズ・ボビン用シャフト
上は小さい「P-2G」、下は大きい「P-5G」
そのボビンをセットした2組のシャフト
両側に木の支持板もセット済み

写真 3-1 のボビンをセットしたシャフトは、そのまま巻線機ジョイにセットできる。

このシャフトを巻線機ジョイにセットすると、すぐに「P-2G」にコイル巻きができる。

シャフト軸には、直径12mmのネジ切り済み長ネジを約30cmにカットして使っている。

ボビンを左右から締めつけて固定するパーツは、独自の工夫をした。

この2サイズのボビン用のシャフトの詳細は、参考情報・資料に記述している。

なお、エナメル線を巻き取る「P-2G」と「P-5G」のボビンに巻き始めと巻き終わりにエナメル線を取り出す小さな穴を開けておく。この穴あけ作業は、例えばキリの先端を使うか、あるいは電動ドリルがあれば細いドリル刃をセットして穴をあける。

あるいは太めの針金の先端を

写真 3-2
巻線機ジョイに「P-2G」をセット
下に市販の1kgのエナメル線をセット
ハンドルも巻線機本体も共通

ローソク、またはガス・バーナで十分に熱して押しつけて簡単にあけることができる。ただし火傷をしないようにしたい。

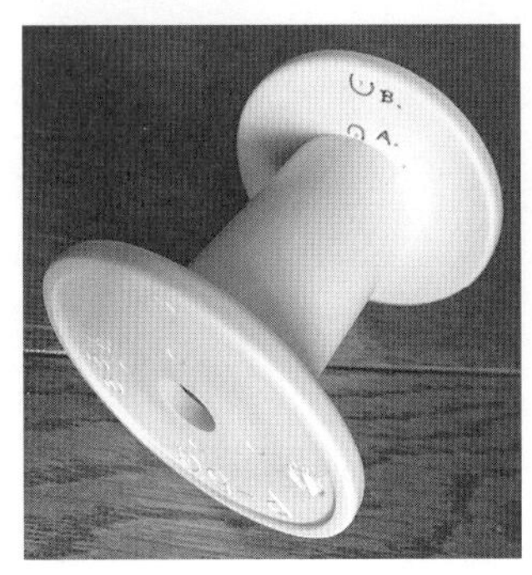

写真 3-3
ボビンには、事前にエナメル線の取り出し用の小穴を開けておく（写真は、大きな「P-5G」）

軸に近い A は、巻き始めにエナメル線を取り出しておく穴。
B は、巻き終わりに取り出す穴

写真 3-4
空きの「P-2G」で 1000 回巻きしたコイル A とコイル B
ボビンのツバに 2 個のターミナルを固定している

左に小型トランス、右に鉄棒がある

3-2 これで自由にコイル巻きできる

これで、大は「P-5G」、小は「P-2G」のボビンにエナメル線を好きなだけ巻いて、本格的な電磁誘導実験のコイルが制作できる。

さっそく小型の「P-2G」のボビン 2 個を使って、1000 回巻きコイル A と B の 2 個用意する。それぞれのツバの部分に取り出したエナメル線は、その先端部分のエナメル塗料を紙ヤスリではがす。ツバに銅板の小片を接着剤で固定したターミナルを用意して、エナメル線を半田づけしている。

3-3 小型のトランスを用意する

電源装置を使うと大げさになる。手軽に実験するためにネットで千円程度の小型のトランスを購入して、それを木板に固定した（**写真 3-4**）。

トランスの一次側（入力側）は、交流 100 ボルトのコンセントに接続する。

二次側は 0V と 6V、8V、10V、12V の出力ターミナルである。

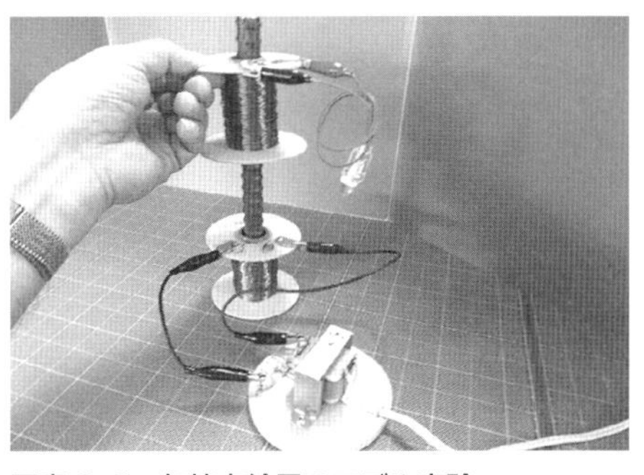

写真 3-5 無接点給電のモデル実験
上のコイルを下のコイルに近づけるすると LED が点灯する

安全のためにはカバーをして、安全ヒューズをセットすべきだが、即興的な実験をするだけなので、写真のようにシンプルな電源装置にしている。

実験手順は、つぎのとおりである。

(1)　コイル A を机に置く。そのコイルの穴に鉄筋を立てる。
(2)　小型トランスから、試みに 8V をコイル A に接続する。
(3)　コイル B に LED 豆電球をセットしたソケットのリード線を接続する。
(4)　コイル B のツバの部分を手に持って、鉄筋に挿入する。そして、ゆっくりと下のコイル A に近づける。
(5)　すると LED 電球が点灯し、二つのコイルが近づくにつれて明るくなる。遠ざけると LED は暗くなり、やがて消える。

これは、何度でも繰り返して実験観察したい。

これが、無接点給電が原理である。

3-4 LED のクリスマス・デコレーションも点灯する

この無接点給電の実験では、トランスの 2 次側の電圧にもよるが、多くの LED ランプが点灯する。**写真 3-6** は、筆者が訪れていたバンコクの IPST 研究所で実験している様子である。

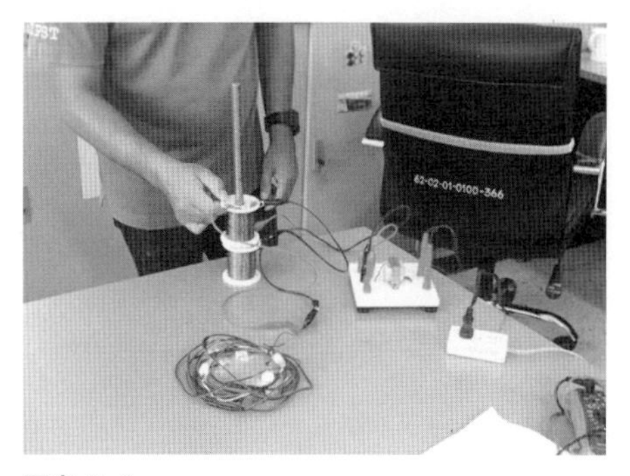

写真 3-6
タイのバンコク、IPST研究所で実験の様子

現地で巻線機ジョイを使ってエナメル線を巻いた2個のコイルを使っている。

たまたま目にしたクリスマス・デコレーションの点灯を試してみた。上のコイルを手にしている男性は、低電圧だが、この種の実験ははじめてで、恐る恐る取り組んでくれた。

彼は手にしたコイルを鉄棒に差し込んでいくとき、振動を感じることに気がついた。それもそのはず、2個のコイルに鉄棒を入れているのだから、一種の変圧器の働きをしている。電信柱に取り付けてある大型の変圧器が、時に振動音を出しているのと同じである。二つのコイルには見えない電磁波が働いている。

3-5 LEDは交流でも点灯するか？

LEDは、発光ダイオード（Light Emitted Diode）である。だから直流電源で使うことが原則である。ただし、ここで実験しているように、交流でも交流波のプラスの瞬間に点灯する。日本の交流電源は関東方面が50Hz（ヘルツ）、関西方面は60Hz（ヘルツ）である。

50Hz（ヘルツ）のならば、1秒間に正弦波が50回生じる。1秒間にプラス側に50回、マイナス側に50回の繰り返しのうち、プラス側の50回は点灯する。正確に言えば1秒間に50回の点滅をしている。それが私たちの目には点灯しているように見えるのだ。

LEDは直流で使うのが原則だから、この種の実験に使う場合は、もちろん低い電圧で使うことが望ましいのは言うまでもない。

3-6　手軽に使う小型トランスの 6V/8V/10V/12V 電源

この実験では、千円前後で入手できる小型トランスを使っている。

これで理科室の備品の重たい電源装置を使う面倒さから開放される。交流10V 前後の低電圧で、安全に電気の基礎実験をするうえで欠かせない交流電源である。安全ヒューズを取り付け、保護カバーがあるのが望ましい。

しかし**写真 3-4** のように、むき出しの状態でも、却って注意するのではないだろうか。ある程度のいたずら心で、試しに使ってみるのは、理科を担当するうえで必要な積極的な態度だと思う。もちろんショートして、ブレーカが切れる場合もあるかも知れない。電気用品の安全基準からすれば、必ずしも勧められるものではないことを断っておきたい。

常識的には、本格的な電源装置を使う場面ならば、そうするに越したことはない。

もちろん設備の充実した理科室があって、各実験台に低電圧を供給できる設備を持つ学校もある。その反面、現実に生徒実験に必要な台数の電源装置を所有していない学校もある。前者は、立派な実験室でなくては実験ができないという思い込みを植えつけないとも限らない。

モノが無ければ工夫をすればよい、という進取の気分を損なわないようにしたいところである。必要な電源がいつでも使えるかどうか、が問われる。ここで紹介する小型のトランス台を用意しておけば、実験室でなくても気軽に予備実験を楽しむことができる。

CHAPTER

4 ICカードのモデル実験から無接点給電への関連

ここで少し解説的になるが、ICカードのモデル実験の意義を考えておきたい。

現在の無接点給電の応用と広がりは、インターネット技術の猛烈な変化で日々に発達し続けている。それに対して、CHAPTER3でICカードのモデル実験を謳い文句にしている。しかし、これは極めて原始的なレベルの原理実験である。多くの人は、ハイテク・レベルとの格段の違いに戸惑われるだろう。

しかし、新しく登場し急速に普及するハイテク成果の根幹を考えてみたい。根源は、18世紀の多くの科学者たち、なかでもガルヴァーニが電気を発見し、ボルタが電池を発明し、アンペールが応用しはじめたことである。この経緯は電気の基礎として揺るがない。

いまや電子メールやウェブサイトは、電気やガスの供給と同じように社会基盤になった。スマホの爆発的な普及がある。スマホを用いてインターネットで家族から知人、また外国の取引先などと連絡を取り合い、世界中のニュースを知り、商品を購入し、旅の予約を済ませるなど日々の暮らしには欠かせない。

それだけにとどまらない。個人、一般企業、教育機関、政府組織などからスマホやPCやサーバが相互接続されて、国境を越えて組織や個人が繋がっている。これにトラブルが生じると想像を越えた事態が生じる。

IoT（Internet of Things）に対応した機器も安価に続々と販売されている。

家庭の照明、エアコン、冷蔵庫などインターネットでコントロールするものが普及している。どれも電気を使う機器である。それらはスマート・スピーカーやスマホの音声で操作され、インターネット上のサーバのAI（人工頭脳）で音声認識して動作する。

これらの幅の広いネットワーク技術は、基本の物理的なレベルを基礎にしている。その上に順に電気的なレベル、単純な信号のレベル、信号で表現された情報のレベルにと、いくつもの層（レイヤー）を積み上げられるような形で成立している。

その根っこは、本書の2個のコイルの無接点給電の実験で使っているエナメル線や銅線である。そのうえに家庭や企業に配線されている光ファイバー、さらにそのうえに多様な無線技術がある。

それらの広がりの大きさは並の想像力をはるかに越え、つかみどころが無い。目まぐるしく登場して、またたく間に普及する新技術に私たちは戸惑わされる。

だからこそ、子どもたちとともに理科教育、あるいはSTEM教育に取り組むとき、素朴な基礎レベルの電気実験の意義を考える手がかりを維持し、新しい工夫に取り組みたいものである。

写真 4-1
宅配便で届いたヤクルトの代金をスマホとスマホで支払う

| CHAPTER |

5 手振り発電パイプに到達するまで

手振り発電パイプは、身近に使ってきた市販の「発電原理実験器」がモデルだった。

このサイズを大きくしたい。入手しやすい材料を使いたい。その思いから、様々な材料を探索した結果、硬質の塩化ビニル製プラスチックのパイプに行き当たった。コーナンなど大型日曜大工店で定尺は8m。外形26mm、内径20mmのものが見つかった。もっとも8mは長すぎて持ち帰るのが厄介だった。

購入店で2mの長さで4本に切ってもらった。これなら車で持ち帰ることができる。持ち帰ったパイプをさらに1mにした。

1mをさらに三分の一にして、約33cmの長さにした。定尺パイプから8本用意できる。これで市販のものよりも、ずっと大きなサイズの丈夫なパイプになった。定尺物1本から8×3で24本の手振り発電パイプのパイプが用意できる。子どもたちのグループ実験に使うことができる分量になった。

5-1 大きなモノをつくる―課題は強力磁石の入手

問題はパイプの中に入れる磁石である。

モデルの実験器は、丸棒のアルニコ磁石を2個使っているが、理科教材として市販されているものはかなり高い価格である。

もちろん強力な磁石ほど発電しやすい。そして低価格のものが望ましい。その思いから磁石の探索にも時間を要した。しかし意外なところで格好の強力磁石を見つけた。

「100均ショップ」のダイソーだった。これが、なんと「ドン、ピッシャリ」のサイズ。直径が20mm、しかも20個で100円である。

厚さ3mm程度なので、5個を吸着させたまま養生テープで巻いて1ユニット

として使う。これを2個、3個と吸着すれば長い棒磁石として使える（**写真2-3**、あるいは**写真5-1**）

こうして透明パイプと磁石は用意できた。つぎは巻線作業である。

写真5-1
100均ショップ、ダイソーで購入した磁石

5個をテープ巻きしている

5-2 さらなる難関は、エナメル線のコイル巻き作業

問題は、用意したパイプの中央にエナメル線を巻く作業である。

モデルとした市販の「発電原理実験器」は、カタログに「2,500回巻」と記されている。

筆者らは、最初は市販の1kg、太さ0.6mmのエナメル線を手巻きしてみた。

パイプの中央に木板のストッパを2個、約6cmの間隔を開けて接着剤（またはグルーガン）で固定。その部分にエナメル線を手巻きしたのである。

実際、エナメル線は糸や紐とは違って、小さなよじれやもつれができやすい。これはキンク（kink）と言われている。手巻き作業ではキンクができやすくて厄介このうえない。

それでも、いったい何回巻けば、ダイソーの磁石でLEDが点灯するだろう……と思いながら100回巻くごとに紙に鉛筆で「正」の線で記録しながら試してみた。

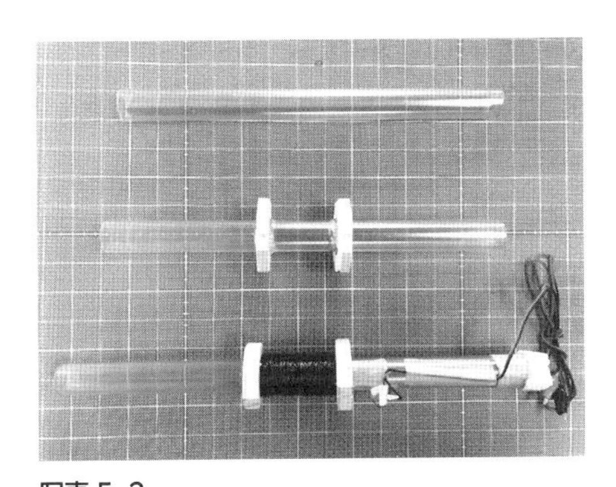

写真5-2
上から長さ約30cmプラスチック・ハイプ
2個の木のストッパ
コイル巻きした手振り発電パイプ

お手本が2,500回巻きなので、遥かに道は遠い。500回巻きしたところで、いったん手を止めて、エナメル線を切断した。そこでエナメル線の両端の塗料を紙ヤスリ（サンド・ペーパ）ではがして、用意していたLED豆電球に接続した。

パイプに磁石を入れて、両端を手で塞いで思い切り振ってみた。なんとわずかにLEDが点灯する。しかし、もっと鮮やかに点灯しないと迫力がない。

切断したエナメル線を半田づけして、その部分に絶縁テープを付けて、さらに巻いた。躍起になって600回、700回巻きをした。どうやら700回巻きすると、鮮やかに点灯することが分かった。

このような経験こそ、STEM教育が標榜する「モノづくり」、そして「イノベータを育てる」ことに通じるのではないか、と秘かに思い始めていた。

しかし、いかに手づくりとはいえ透明パイプに700回巻きするのは、クラブ活動なら別だが、理科で実験に使う分量をコイル巻きするのはお手上げである。

世の中には、エナメル線を巻く巻線機があるはずである。巻線機は理科教育振興法（理振法）や教材基準にリストされているかも知れない。

5-3 「巻線機を探せ！」、つぎは「ボビンを探せ！」

これはネットでチェックすると、すぐに画面に出てくる。

新品でなくてもよい。ともかくコイル巻きできるかどうか。それを点検したい。そこで購入して、届いたのは**写真5-3**の巻線機だった。

これが中国製で、とても重い。鉄の塊である。両手で持ってもずしりとする。

歯車も金属製でがっちりしている。巻線作業をするには、かなりハンドルが重たい。巻線作業をするプロの腕力のある職人さん向けである。

理科の実験でコイル巻き作業をするには、使いづらい。堅牢な工作台に固定しなければならない。上質のテーブルに乗せるには木の厚い板に穴あけしてボルト止めする。この木板を**写真5-3**のようにC型クランプでテーブルに固定する。

これで市販のエナメル線1kg巻き、巻線機が用意できた。だが、これだけでは巻線できない。空のボビンがなくては巻線できない。

そこで、つぎはボビンを探すことになる。これもネットを探索すると「オヤイデ電気」というのに行き当たった。秋葉原の電気材料店でホームページがある。そのリストに各種のプラスチック製ボビンが、ずらりと出てくる。

わが方の希望は、せいぜい太さ0.4mmか0.6mmのエナメル線を千回巻きできればよい。

写真5-3　既製品の「巻線機」の例、巻き数の表示カウンターが見える

入手した二つのプラスチック・ボビンをセット、巻線作業を試みたが……
巻線機シャフトに「P-2G」、むこうに見えるのが「P-5G」のボビン
「P-2G」長さ6cm、「P-5G」長さ8cm、軸穴の径は、どちらも15mm（詳細は末尾参考情報参照）

そこでボビン番号「P-2G」と「P-5G」を選んで注文した。その後、もっぱらこの2つのボビンを使ってきている。

5-4　ハンドルが重い、使い物にならない―既製品の鉄製の巻線機

いよいよハンドルを握って、ドキドキの巻線作業を始めた。

すぐに分かった、ハンドルはとても重い。金属歯車だから音もする。とうてい100回巻き、200回巻きは鼻唄まじりではできない。子どもたちに小分けしたエナメル線を配るために、いくつものボビンに巻線作業するのは職人でもない限り無理だと分かった。

筆者たちにとってコイル巻きが遠い作業になっているのは、この種の巻線機しか入手できないからである。そうと結論が出たら、こんどは自分たちで巻線機を作ることである。

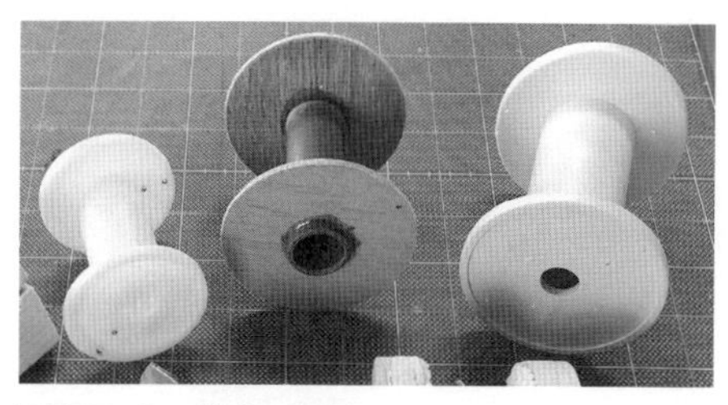

写真 5-4　ボビン 3 種
左、「P-2G」
中、自家製の手作りボビン
右、「P-5G」

もっとも、手づくりの巻線機の構想と試作は、既製品を探す以前から取り組んできていた。**写真 5-4** のようにボビンも自家製の手作りのものを試作した。私たちが使えそうな既製品の巻線機が無いと分かれば、いよいよ試作品作りに拍車がかかった。

リレー・コラム／なぜ電磁誘導は難しい題材だったか？

1　この課題に STEM 教育は挑戦する

STEM 教育は、文字通り科学、技術、工学、数学の教育革新を目指す。これらの広範囲な対象領域に共通項の一つは「電気・磁気」である。

小中学校の理科で扱う電気と磁気の題材で、多くの子ども、そして先生たちが苦手で厄介なのは電磁誘導である。ならば、STEM 教育は、それを克服し解決するため工夫をしなくてはならない。もちろん、これまで多くの理科教育を担当する人たちの試みがあった。

以前に杉原和男氏が考案した安全に直流の大電流を扱う S ケーブルは、画期的な一つと言える。だが、それでも一部の実験に手慣れたベテラン以外には難しい。

10 色の 10 芯の通信ケーブルを段違い接続して、1 芯に流れる電流を 10 倍にして使う S ケーブルを別とすれば、これといった解決策を見出せないでいる。

筆者も S ケーブルの推奨者で、普及のための頒布もしている。しかし、本書の PART2 と PART3 は紙数の配慮もあって、S ケーブル以前に取り組むべき実験機材を優先的に扱っている。

いずれにしても問題は、人とモノの要因が複合的に関連している。

対象は目に見えない電気と磁気である。電流計や多くの計器類を使っても、間接的な観察ができるだけである。だから想像力を発揮しなくてはならない。たいていは板書される図や教科書の記載図を見て、電磁誘導を理解しようとする。地図を見て現地を想像することにも共通するが、ここで子どもたちは抽象的な能力の発揮に直面する。残念ながら、それができない子どもが多い。

だから、様々なテスト問題に電磁誘導が出題されてきたのである。

CHAPTER

6 ハミングでコイル巻きする「巻線機ジョイ」―その制作のノウ・ハウ―

ハミングしながらコイル巻きできる巻線機を考案、これを手がけ始めて数年が経過した。

その間、初期の1号機から数えて6号機に達していた。自分で一から作るのだから、手作業でカットできるベニヤ板を多用した。細かなパーツも日曜大工店で入手できるものに限った。

そうして、ほぼ思っていたとおり、**写真6-1～6-4**のような巻線機が出来上がった。そのうれしさに浮かれて「ジョイ」と名付けたのだった。

6-1 「巻線機ジョイ」の特色

組み立てに特別な工具もいらない。せいぜい先端が＋（プラス）のネジ回し1本あれば、それでよい。実際、コイル巻きをすると、木を使った良さを実感できた。

ハンドルを回すと生じる微妙な振動や揺れも、実に穏やかに吸収する。とても馴染みやすい。スチールやプラスチックを使ったら、こうはいかないだろう。

写真6-1 「手づくり巻線機」を組み立てたところ

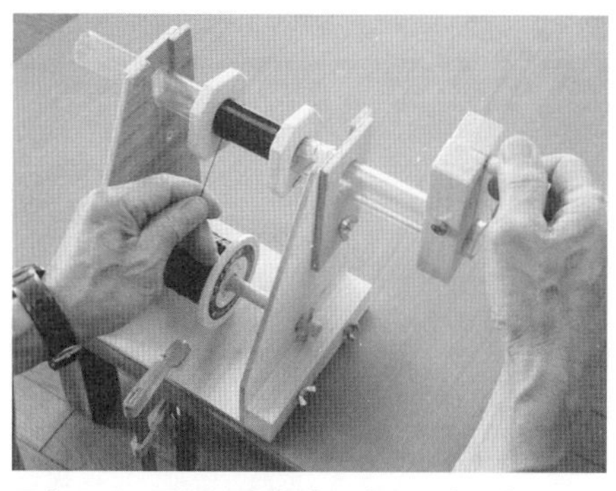

写真 6-2 手振り発電パイプ用のパイプにハンドル部分をセット
下の「市販 1kg のエナメル線」からコイル巻き作業をしているところ

この巻線機は、まったくはじめての人でも数分で使える。巻線作業は、少し慣れれば快適で鼻唄まじりでコイル巻きできる。東京の㈱ナリカ社の「サイエンス・アカデミー」のワークショップに参加した先生たちに使ってもらって実証済みである。

用意していた数本の透明パイプを使って、たちまち 100 回巻き、300 回巻き、500 回巻き、700 回巻き、そして 900 回巻きができた。これは**写真 6-5** に示すとおりである。

この 5 種類の手振り発電パイプは、LED 豆電球の点灯に必要な発電のための巻き数を考える場面で子どもたちが使う「自作のモデル実験機材」になった。

冒頭の**写真 1-4** の市販されている「発電原理実験器」とくらべてみてほしい。自分で手巻き作業で作っただけに愛着がある。子どもたちへの授業で使うにも自信が持てる。

6-2 巻線機のハンドル回しもハミングで

この巻線機ジョイは木づくりなので超軽量。固定個所は蝶ネジを指先で回して固定する。せいぜいプラスのネジ回しが 1 本あればよい。組み立てると、たいていの机に C 型クランプで固定できる。分解して弁当箱に収まる大きさである。エナメル線の繰り出し側と、巻き取り側を一体にしている。そのため、巻線作業をはじめるためのよけいな手間がはぶける。

この巻線機の凄さは、**写真 6-5** で示した 5 種類の手振り発電パイプを見てほしい。これらの 5 種類のエナメル線を巻く作業は、誰でも材料を用意すれば 1 ～ 2 時間程度できる。

写真 6-3　巻線機のパーツを広げたところ

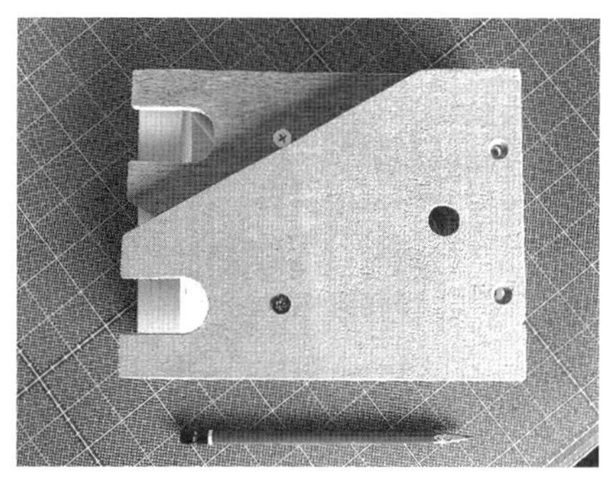

写真 6-4　パーツを重ねるとお弁当箱サイズ

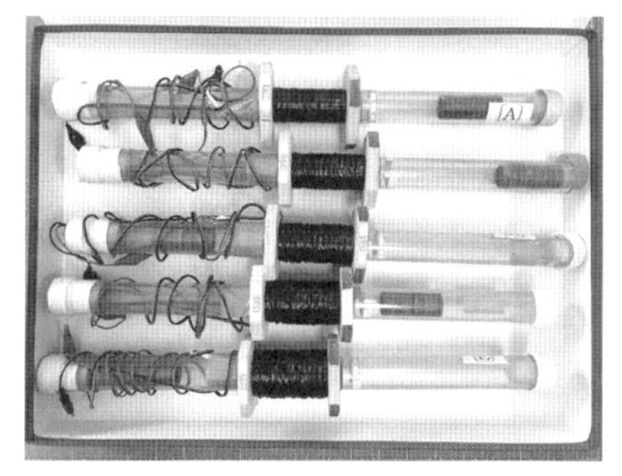

写真 6-5　手振り発電パイプのサンプル 5 種、上から A.100 回巻き～ E.900 回巻き

この巻線機が何セットか必要ならば、技術家庭科の時間に制作題材してみてはどうだろうか。作ったモノが、すぐに電気実験に使える。必要なモノを作ること。それが制作活動、モノづくりの基本である。これこそ STEM 教育の思潮を実現するものにちがいない。

私たちは、これまで実験機材は教材会社から買うものだという思い込みをしてきた。理科教育振興法や教材基準の法的な庇護があって、一定の実験機材は備えている。それを使って実験する。それが当り前のこととしてきた。

この状況は理科教育の充実に、一定以上の役割を果たしてきている。

だが、これが当然という思い込みがある。だから何か必要なものが生じたとき、教材会社が市販している機材だけに依存してしまう傾向があった。カタログは点検しても、財源が無ければ購入を諦めざるを得なかった。

こういう状況が当たり前のこととして、慣れてしまっているのではないだろうか。

6-3 制作と実験へのステップ

巻線機は手振り発電のために用意した透明パイプに直接に巻きつける。

その手振り発電の透明パイプは、すでに用意してストックしている。これに直接エナメル線を巻きつけるのだから、エナメル線を巻きつけるボビンはいらない。

(1) 2個の木のストッパを固定する

長さ約30cmにカットした塩化ビニルの透明パイプの中央部分に木のストッパを2個、接着剤またはグルーガンで固定する。接着剤は固定するまで時間がかかる。その点、グルーガンを使うと数分で固定できるので好都合である。

コイル巻きするためのハンドルもハイプに直接取り付ける（**写真6-1**）。

さて、本題の手振り発電パイプを作る手順である。

以下、**写真6-2**を参照して説明すると……

1. このパイプを巻線機のシャフト穴にセットして、片側にハンドルを固定する。

2. 巻線機の下側の木シャフトに購入した1kgエナメル線をセットする。そこからエナメル線の先端を引き出す。上のシャフトにセットした透明パイプに巻きつける。

3. ただし巻き始めの部分で、先端から20cmくらいの余裕をみておきたい。その部分が巻き終わった部分とともに、コイルの両端になる。

このコイルの両端にビニル線を接続する。ビニル線の先端にワニ口クリップをつけて、それをLED豆電球などに接続する。

(2) パイプの両端にはペットボトルのキャップがぴったり

ここで使っているパイプは、両手で持つサイズにぴったりである。そのうえ、100均ショップのダイソーで、ごく低価格で入手できる丸形の強力磁石を中に入れると、まるで注文したように収まる。

磁石をパイプに挿入して手で振って発電するだから、磁石が飛び出さないようにパイプの両端は閉じなくてはならない。両手の手のひらでふさぐように持って実験しても構わない。そのままパイプを手振りすると、磁石が手のひらに当たって、いかにも自分のエネルギーで発電している実感がする。

もし、それが気になれば、ありふれた空になったペットボトルのキャップを使いたい。これまたぴったりのサイズである。片側は磁石を出し入れするとして、もう一方を固定するならキャップをはめ込んでビニル・テープ巻きして固定すればよい。

ここで、もう一工夫するなら、スポンジをキャップのサイズにカッターナイフで切り取って、キャップと一緒に使えばよい。こうすると、スポンジがバネの働きをしてくれる。手振りしたときパイプのなかの磁石が左右に動くたびに、両端のスポンジで跳ね返されて、いっそう楽に発電できる。

写真6-5の5本セットの発電パイプを見てほしい。これらの発電パイプは、左側はテープ巻きして固定している。右側はスポンジとキャップが取り外せるようにしている例である。

CHAPTER

7 磁石の磁界の記録保存のしかた

磁石の磁界は、電気と同じで目には見えない。手振り発電パイプで使う丸形磁石の磁界もそうである。ただし、磁石の磁界を観察する最も簡単な方法は、磁石の上に鉄粉をまいて、鉄粉でできるパタンを見るもので、これは古くから知られている。

棒磁石を木の板に凹み（へこみ）を作って、それに棒磁石を入れる。フラットになった表面に紙を置いて、上から鉄粉をまく。すると鉄粉が磁石の磁極に吸いよせられていく。これで磁界や磁力線の様子を観察できる。はじめて観察すると、じつに面白い。子どもたちなら何度でも繰り返して実験する。

手振り発電パイプで使う磁石は、丸いボタン型である。それに磁力は強力である。そのため鉄粉をまいて、鮮やかな磁界の様子を観察するには、多少の空間を保つことが必要になる。磁力を多少は緩和するために、磁石を箱の中に入れ、箱の上から鉄粉をまいて実験する。

ここでは箱の外側に透明フィルムを乗せて、磁石の上にあたる紙と透明フィルムのうえで鉄粉がつくるパタンを観察する。

それを、そっくりそのまま木工ボンドを塗布した厚紙に「はぎ取る」というダイナミックなやり方をする。屋外の巨大な地層のはぎ取りにも使われる手法である。

ここでは、つぎのように準備と二つのステップの手順をたどる。

7-1 準備

実験観察に先立って、事前に少し荒めの100メッシュの鉄粉を教材店から入手する。300メッシュの鉄粉では粒子が細かくて、扱いにくい。

鉄粉を空きビンなどに入れ、その開口部を二重以上にしたガーゼをゴムバンドで固定したものを準備する。または茶こし（ストレーナ）に鉄粉を入れたものでもよい。

ガーゼや茶こしを使うのは、上からまく鉄粉が一か所に固まることを避けて、なるべく広く平均にまき散らすためである。

ほかに数枚の古新聞、白色の木工ボンド、A4 版サイズの厚紙を用意する。この厚紙に鉄粉を剥ぎ取って記録保存する。それが長く作品として残るものになる。様々な紙で試すとよいが、使い古したフラット・ファイルの表紙の裏側を使うのがお勧めで、ピンクや青色の厚紙が効果的である。

写真 7-1
底の浅い木箱などを用意、その中央に磁石を置く
割り箸を固定し磁石が転がらないように工夫をする

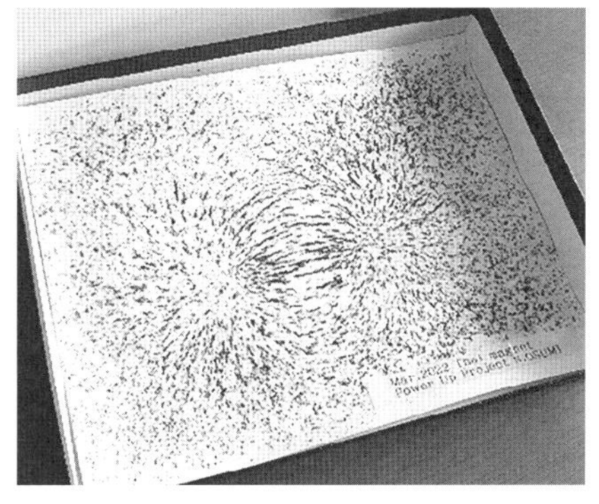

写真 7-2
磁界の記録保存、作品例

写真 7-3

写真 7-4

写真 7-5

そのほかにも厚紙のうえに木工ボンドをひろげるスキージとして使う小片の

厚紙などを用意しておく。

① 大きさがA4版サイズ程度、つまり縦20cm、横30cm、深さ4～5cmくらいの丈夫な紙の箱、または木の箱を用意する（**写真7-1**）。

② その箱の中央に、丸形磁石を5～15個吸着させて棒磁石の形状にした磁石を置く。磁石が転がらないように、割り箸を固定するかセロテープ止めするなどの工夫をする。

③ 古新聞などの上に箱を置く。箱の上に、中の磁石の位置が見えるように透明のガラス板、またはプラスチック板をかぶせる（**写真7-3**）

④ その上に白い紙を置く。さらに、その上に透明フィルムを置く（**写真7-4、写真7-5**）

オフィス用品の透明ファイルの綴じ部分をカットして、透明シートが2枚用意できる。

7-2 上から鉄粉をていねいに散布する

この一連の写真では茶こしに鉄粉を入れた実験を紹介している。そこで、まず茶こしに鉄粉を入れる（**写真7-6**）

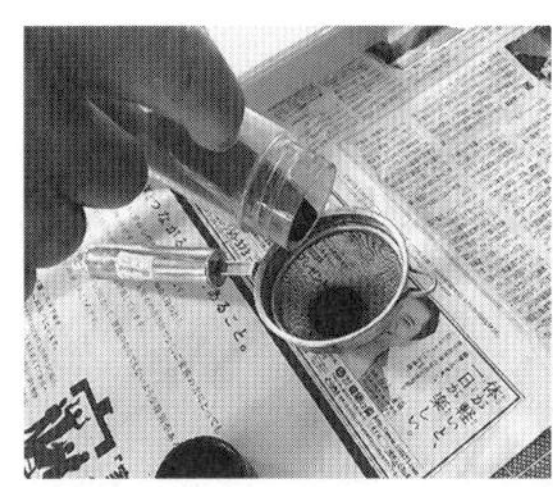

写真7-6

写真7-7

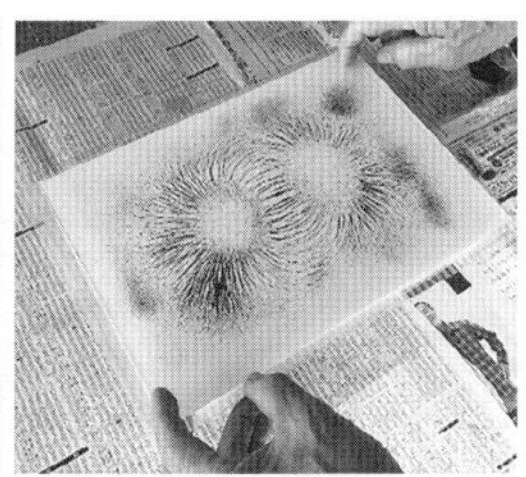

写真7-8

① 茶こしを透明フィルムの10～15cmの上に持って、別の手の指先で茶こしを軽くタップしながら、鉄粉を慎重に、ゆっくり丁寧に、全体に行き渡るようしたい。

② まんべんなく鉄粉を落としていく（**写真 7-7**）
丁寧に鉄粉をまいていくと、しだいに磁石がつくる磁界の模様（パタン）が現れてくる。
③ この時点で鉄粉が磁石の磁極の近くに吸いよせられ、動いていく様子が観察できる。
④ いったん茶こしを置いて、四隅をごく軽く指先でタップすると、鮮やかなパタンになる。この場面などで、多くの子どもたちは興味深く観察する（**写真 7-8**）

7-3 厚紙に木工ボンドをひろげ、薄くのばす

鉄粉がつくった磁石の磁界の模様パタンは、風が吹けば散ってしまう。そのパタンは一時的なものである。これを固定して保存して、たった一つの実験結果として長く残したい。
その方法がつぎのステップである。

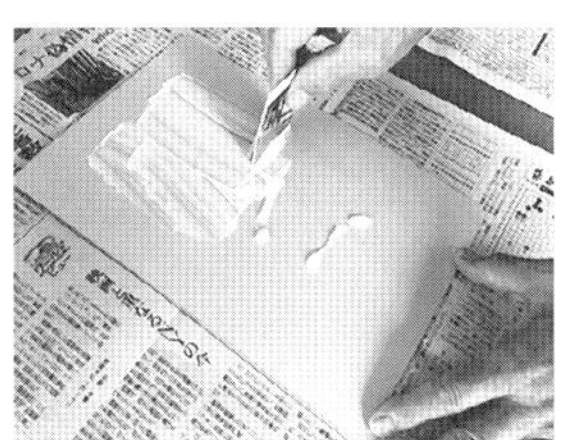
写真 7-9

写真 7-10

写真 7-11

① 古新聞を広げて用意した厚紙をフラットに置く。白色木工ボンドを紙の上に絞り出す。ちょうど歯磨きペーストを 5 ～ 6cm の長さに出す程度とする（**写真 7-9**）
② 厚紙の小片を二重に折って、それで木工ボンドを均一に広げるスキージとして使う。なるべく広く、均一になるように広げる。木工ボンドが多すぎる

と、鉄粉を剥ぎ取るとき滑りやすく、せっかく慎重にできあがった磁界のパタンが形を崩してしまう。

③　厚紙を両手に持って、均一に木工ボンドを塗り付けた面の端から、ゆっくりと慎重に磁界のパタンの上からかぶせる（**写真 7-10**）

厚紙を乗せ終えたら、鉄粉が紙に吸着されるように、手のひらで厚紙の上を丁寧に撫でつける。

④　ガラス台から透明フィルムと一緒に記録保存の紙を慎重に取り除く。透明フィルムを端からゆっくりとはがすと、記録用紙側には鉄粉のパタンが残る（**写真 7-11**）

作品の出来上がりは、鉄粉の荒さ、磁石の強さ、磁石から距離、厚紙の品質などに左右される。何回か試して、鮮やかな結果が得られる用紙を選びたい。

このような手作業の活動を経験することがモノづくりの基礎になる。

写真 7-12

写真 7-13

この種の制作作業のプロセスこそ、STEM 教育が標榜するモノづくりの経験になる。失敗しても繰り返して試せるように、用紙などを十分に用意して取り組みたい。

CHAPTER 8 これさえあれば！ 乾電池と豆電球の大型模型

実験観察を効果的に楽しく展開するノウ・ハウの一つは、使う器具を大きくしてみることである。乾電池と豆電球の大型模型の制作は、その典型の一つである。

つぎに示す**写真 8-2** は、乾電池のプラス（+）から豆電球のフィラメントを通過して乾電池のマイナス（−）にもどる最も簡単な回路を示している。この写真の「4」の部分は、二本のリード線をワニ口クリップでコンタクトしている。この部分は、オンとオフのスイッチの役割をする。

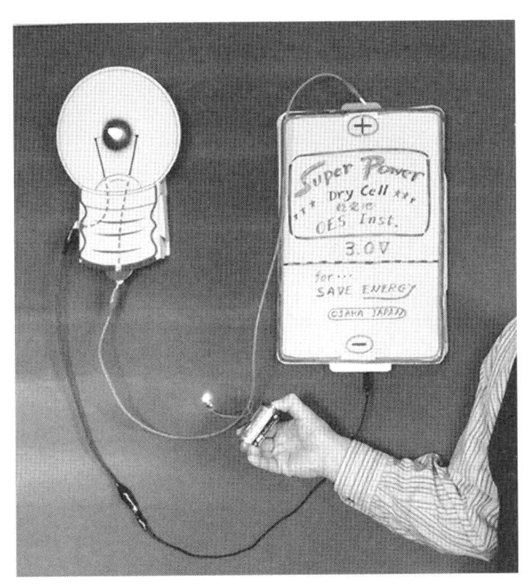

写真 8-1　乾電池と豆電球の大型模型
手に持っている単一乾電池と比べてみてほしい

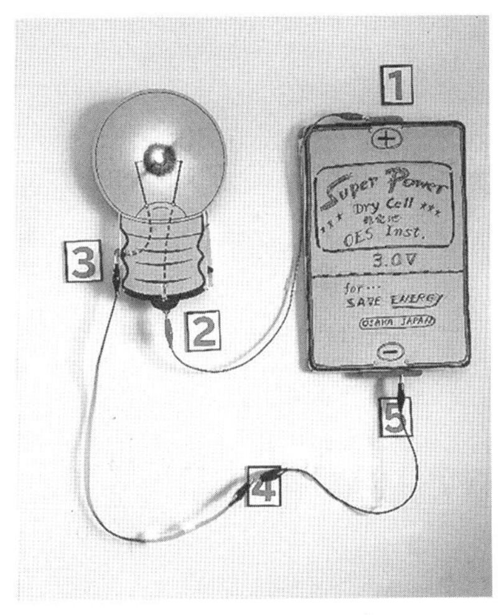

写真 8-2　電気の通り道をたどる

この部分を使って、電気を通すモノと通さないモノを弁別する実験が効果的に実験できる。小グループの実験で無用な混乱が生じるよりも、教室全体の子どもたちの注目を集めて、鮮やかな実験観察ができる。

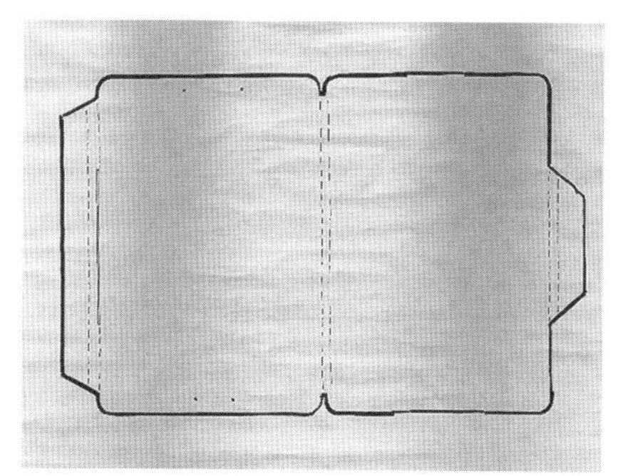

図 8-1　乾電池模型のシート（例）

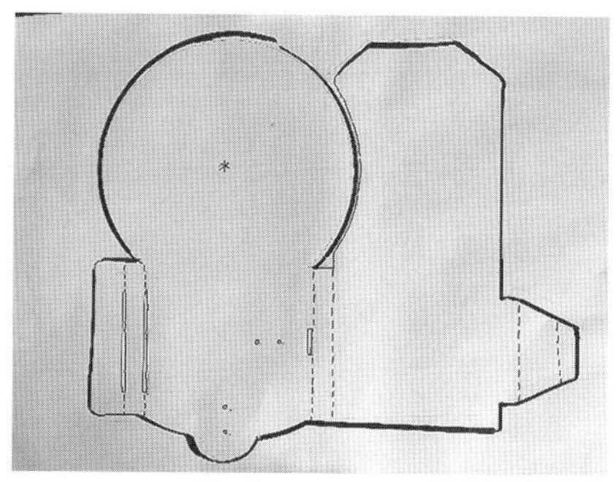

図 8-2　豆電球模型のシート（例）

大きなダンボールの空き箱をカットして、ダンボール紙の大きなシートを用意する。

ダンボールは厚手でしっかりしたものが適している。すくなくとも 45 × 60cm の大きさが望ましい。これなら二つ折りして完成させると、縦 45cm、横 30cm の長方形になる（**図 8-1** と**図 8-2** を参照）。

写真 8-3　単三 2 個用乾電池ボックスを固定する

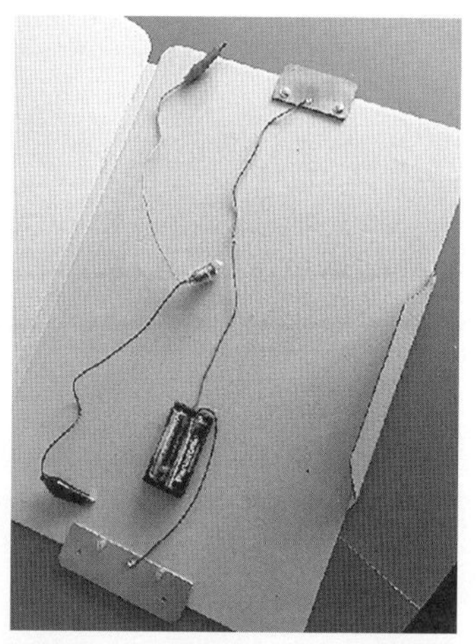

写真 8-4　固定位置はリード線の長さによる

ダンボールは、**図8-1**と**図8-2**のような形にカッターナイフで切り抜く。内側に乾電池ボックスを取り付けるので厚さ2cm程度で、ごく薄い箱型にするとよい。

8-1 乾電池模型の作り方

1. 用意したダンボールを半分に折り曲げる。内側の土台になるスペースに単三乾電池2個の直列用ボックスを両面テープなどで固定する。

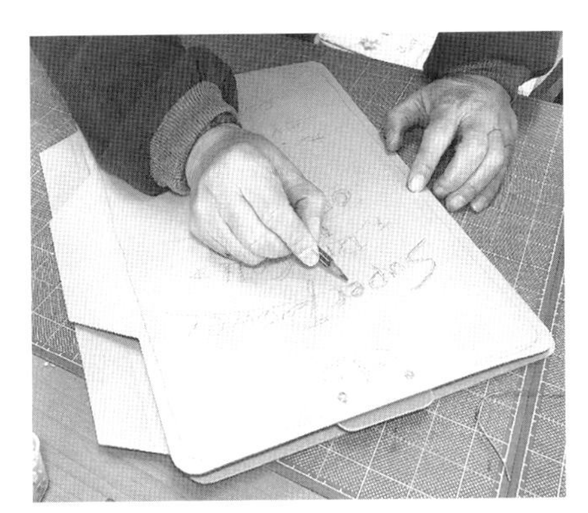

写真8-5　表紙にデザインを描く

写真8-6　表紙を仕上げる

2. 固定する位置はボックスにリード線がある場合は、その取り合いによる。ダンボールの上部が＋（プラス）に、下部が－（マイナス）になるように配置する。
3. 土台となるダンボールの上部に小型の、下部に大型の銅板を固定する（**写真8-4**）。

   銅板の固定の理想的な方法は、ドリルで小穴をあけてアルミ・リベットとワッシャを使い、リベットを金槌でたたいて止めるのが望ましい。
4. 乾電池ボックスの＋（プラス）側のリード線を上部の銅板に、－（マイナス）側のリード線を下部の銅板に半田づけする。

5. ダンボールを組み立て、表面になるスペースに自由にデザインする（**写真8-5と8-6**）。
6. 裏面に10cm × 10cm程度の大きさのマグネット・シートを2枚張り付けると、スチール黒板にディスプレイして使うことができる。

8-2 工夫の勧め

あらかじめ材料を揃えておいて、クラブ活動の制作題材としたい。また、技術家庭科でも制作活動の題材とすることも想定できる。

乾電池らしいデザインを描くこと、ブランド名を考えることなど子どもたちの自由な発想を生かすことができる。この段階で、大いに独自の創造性を発揮させるようにしたいものである。

特に理科嫌いの傾向を持つ子どもたちが、積極的に制作し工夫をすることを支援することである。

8-3 豆電球模型の作り方

豆電球模型は、つぎのような手順で取り組む。

1. ダンボールのカット・アウトを作る。
2. 表面側のガラス球体スペースの中心の位置にカッターナイフで星（*）型の切り込みをする。

   その部分を指で押し込むと、豆電球ソケットを固定する穴ができる（**写真8-8**）。
3. 豆電球ソケットを差し込み、裏側でグルーガンを使って固定する（**写真8-9、8-10**）。
4. 突起部と側面部に銅板を固定する（**写真8-11**）。

   豆電球ソケットのリード線を突起部から、模型の突起部に半田づけする。ソケットの側面部のリード線を模型の側面部に半田づけする。

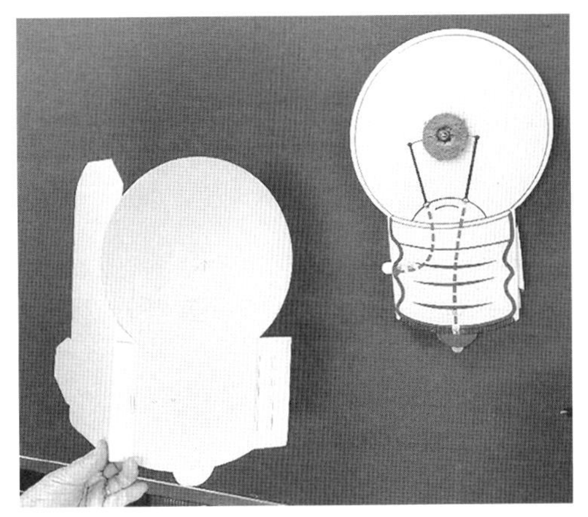

写真 8-7　見本（右）とカット・アウト

写真 8-8　豆電球ソケットの穴をあける

5. ダンボールを組み立てて、表面に油性ペンなどで豆電球らしい描画をする。

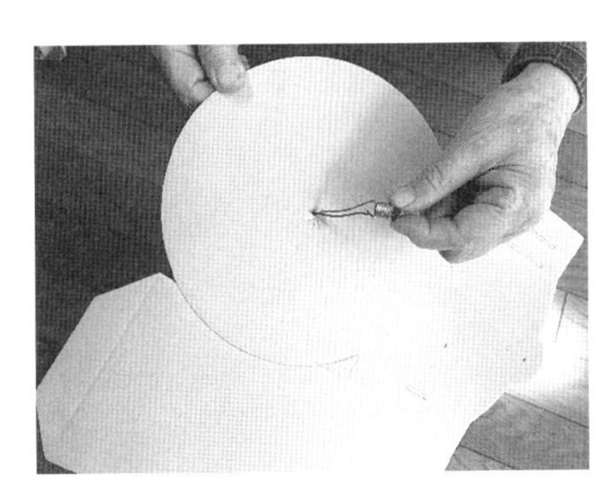

写真 8-9　豆電球ソケットを取り付ける

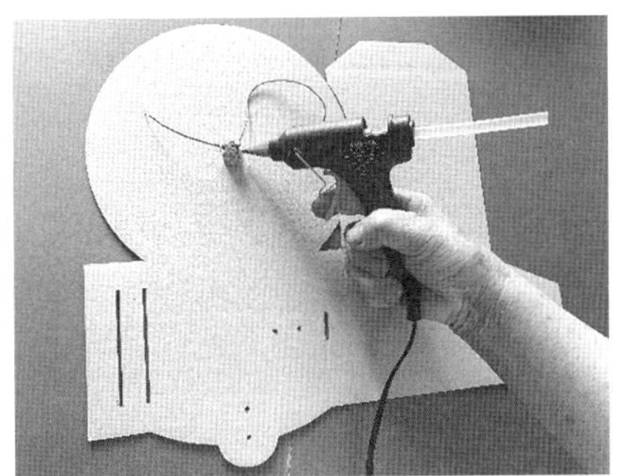

写真 8-10　裏側でグルーガンを使って固定する

6. ソケットにセットする豆電球をフィラメント、または発光部と見立てるとよい。

模型の側面部から豆電球を通って、模型の突起部まで、電気の通り道をしっかりと描くようにしたい（**写真 8-7**）。

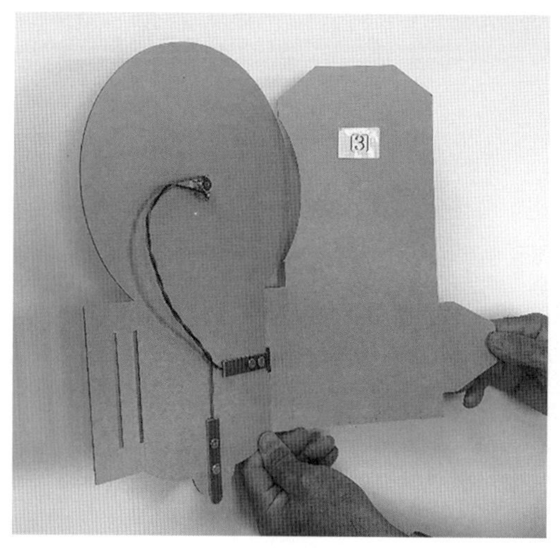

写真8-11　ターミナルの固定のしかた（例）

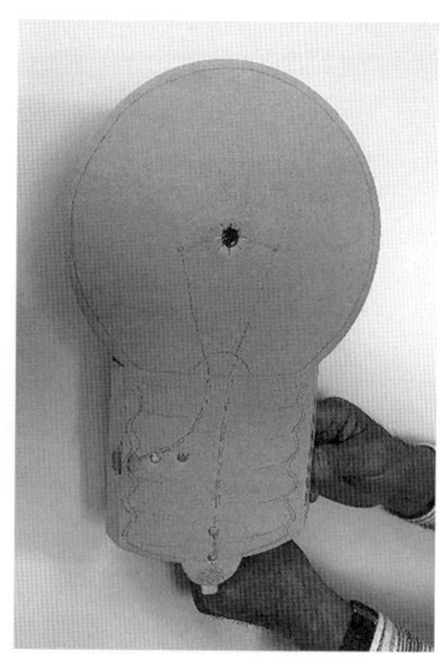

写真8-12　表面の描画の下書きをする

8-4　さらなる工夫の勧め

あとはワニ口クリップを取り付けたリード線を用意すれば、乾電池模型と豆電球の大型模型を使って基本的な電気回路の演示実験ができる。

この大型模型を使って、身近なモノ、例えばネジ回し、スプーン、スチール・ウールなどを使って、豆電球の点灯によって導体と不導体の区別をする印象的な実験ができる。

8-5　特に推奨したい演示実験

モータと発電機の主要な構成はコイルと磁石である。

コイルはエナメル線が使われている。銅線にエナメル塗料を熱処理塗装されていて、ごく薄いエナメル線塗料が絶縁物となっている。そのため狭いスペースに極端な「密」に巻かれても絶縁状態を維持できる。これによってモータと発電機には多量のエナメル線が使われる。

基礎レベルの電磁誘導の実験にもエナメル線は使うことが多い。エナメル塗料を紙ヤスリで取り除く作業を経験すると、エナメル線の役割が理解できる。

乾電池と豆電球の大型模型を使う場面で、ぜひともエナメル線の通電の実験をしておきたいものである。

リレー・コラム／なぜ電磁誘導は難しい題材だったか？

2　STEM 教育は、「実験は実験室で」という常識にチャレンジ

電磁誘導が難しい題材だった原因は、人とモノの要因が複合的に関連している。それを象徴するのが「実験は実験室でするもの」という思い込みである。

この思い込みが身に染み付いている。その理由は、電気と磁気の実験には各種の電源装置が無くてはならないからである。

筆者らが「ハンドダイナモ」と呼ぶ手まわし発電機、そのうちのナリカ社ゼネコンは約50 年前から基礎レベルの理科実験で使われてきている。これは、この思い込みに、かなりの風穴をあけた。だが、いまだに、その認識は広がっていない。ゼネコンも実験室で使うものだと思われている。

これが電気と磁気の実験と題材を遠いものにしてきた。

ゼネコンから一歩進めたのが単一乾電池 3 個ユニットである。これなら、ゼネコンと同じように、普通の教室でも屋外でも実験できる。ただし乾電池は「だんまり」の沈黙の電源である。手でハンドルを回すゼネコンには、負荷（ロード）と必要エネルギーが実感できる特色がある。

筆者らが「手振り発電パイプ」を考案したのは、このような思い素があった。つまりゼネコンで発電する原理、それを自分の手を動かして実験観察できることを目指したのだった。

CHAPTER 9

スマホの充電を考えるコンデンサの充電と放電

基礎レベルの電気の学習で「充電」と「放電」は基本概念の一つだから、誰でも持っているスマホの充電と関連づけて実験するのが望ましいだろう。今後は、「充電」は急速に進む電気自動車の普及でも日常的に使われる言葉となるだけに、基礎的な実験を通じて充電と放電の概念を学んでおきたい。

9-1 コンデンサの静電容量の単位にファラデーの名がある

電子回路に使われる素子にコンデンサ、また別名キャパシタンスがある。一般にはあまり馴染みがないが、電子回路の制作をする人たちには欠かせないパーツである。

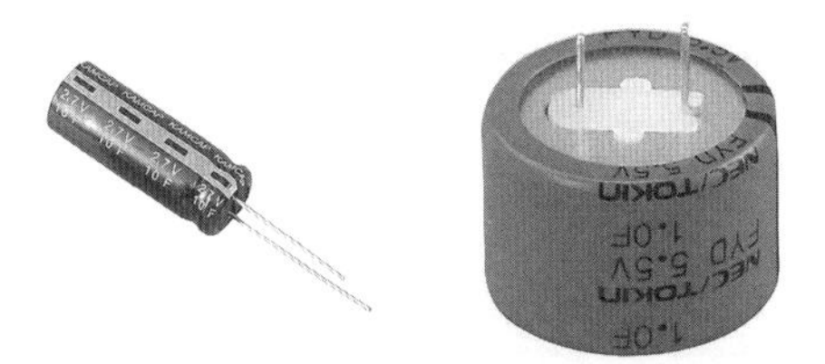

写真 9-1　大容量コンデンサ、左は 10F、右は 1F の例

電磁誘導を発見した英国人科学者マイケル・ファラデーにちなんで、コンデンサの静電容量の単位はF（ファラッド）が使われている。

写真 9-1 と**写真 9-2** は大容量とされる太い鉛筆の一部のような 10F（写真、左）と、500 円玉サイズの 1F（写真、右）である。ネットでチェックすると、いずれも数百円から 500 円程度の価格となっている。

もっとも、このままでは実験に使いにくい。10cm × 10cm 程度の木の板切れに固定すると使いやすくなる。

いずれも二本の細い角のようなリード部分があって、長いほうがプラス（＋）、短いほうがマイナス（－）である。

これが充電と放電の実験と観察には最も手頃なパーツである。

9-2　準備と実験

準備するのはハンドダイナモと LED 豆電球ユニットである。

ハンドダイナモでキャパシタンスを使う実験を通じて充電と放電について理解を深めたい。

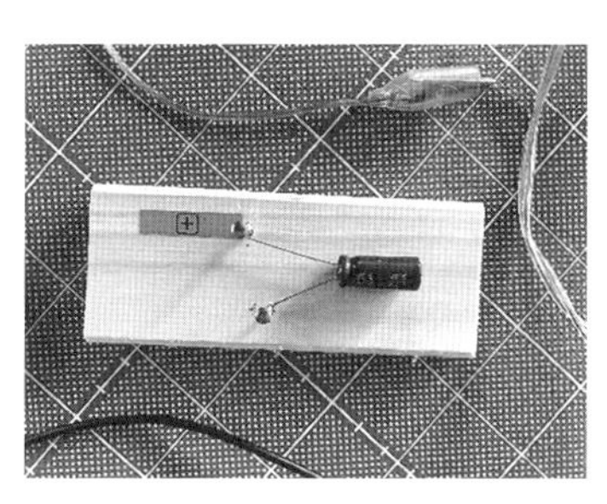

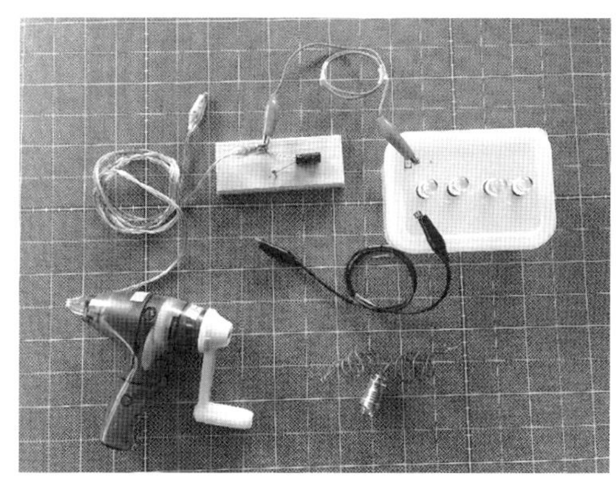

写真 9-2　コンデンサの充電、放電の実験材料
左上の 3.3F のコンデンサ、ソケットにフィラメント型豆電球をセットした準備

コンデンサのプラス（＋）とマイナス（－）は、紛らわしいので、木の板に固定してプラス（＋）側はラベルを貼り付けるとよい。

この実験は、数回の経験をすれば簡単だが、はじめて実験するときは、多少は面倒に思えるものである。ステップ・バイ・ステップで楽しみたい。

ここでは、**写真 9-2** の 3.3F、4LED 豆電球台を使う実験のステップを紹介しておきたい。

(1)　コンデンサとハンドダイナモを接続する

　このときコンデンサに電気が残っていると、ハンドダイナモのハンドルが回転する。

　そのときはハンドルの回転方向を見極める。もし時計方向に回わると、その方向にハンドルを回せばチャージできる。なぜならコンデンサに蓄積している電気がハンドダイナモに流れて、時計方向の回転がプラス（＋）であることを示している。

　このときは回転しているハンドルを回転方向にあわせるように手に持って、同じ方向に 5 ～ 10 秒間くらい回してみる。そしてハンドルを放すと、その間の充電で、ハンドルはいっそう鮮やかに回りつづける。

　ハンドルが回りつづける間は、コンデンサが放電している。

(2)　コンデンサからハンドダイナモを離して 4LED 豆電球ユニットに接続する

　コンデンサは充電されていたので LED が明るく点灯する。意外に長く点灯がつづく。LED の消費する電気エネルギーが少ないためである。

　フィラメント型の豆電球を点灯させると、いったん点灯するが、こちらはたちまち暗くなり、間もなく消えてしまう。

　フィラメント豆電球と LED 豆電球の消費エネルギーの違いが、この実験でも分かる。

　こうして、これまで小中学校レベルでできなかったチャージ（充電）と放電の実験、それが 1 時間の授業時間のなかで、わずかな材料だけで繰り返して納得できるまで実験観察できるようになる。

　コンデンサを使う「チャージ」（充電）と放電の基礎的な実験経験は、スマホの普及で、暮らしのなかの基本的な知識とスキルになる。STEM 教育を進めるうえでも不可欠の実験の一つと言える。

PART 3

手作り機材の制作をサポートする

—基本パーツの見直しと準備
楽しくなる基礎レベルの電気実験—
その機材準備のノウ・ハウ

PART 3　はじめに

道具が無くてはモノが作れない。

これは料理に例えると、分かりやすい。ニンジンやダイコンの食材を用意しても、まな板と包丁がなくては料理が作れない。まな板と包丁を使うのは、腕と頭脳。だから道具を使えば腕も頭脳も活性化する。

では、基礎レベルの電気実験では、どんな道具を使うか。

料理に水を使うように、電気の実験には電源が不可欠。電源の差し込み口が近くにあれば、交流の100V電源が得られる。

乾電池があれば、単一乾電池1個で1.5Vの、2個で3Vの直流電源になる。

早くから出回っている手まわし発電機、商品名「ゼネコン」なら0～12Vの直流が得られる。これを、以下では「ハンドダイナモ」と記すことにしたい。

乾電池は沈黙の電源である。ハンドダイナモは自分の手でハンドルを回して電源にする。いわばアクティブな電源である。みずから電気を作って実験するのだから「アクティブ・ラーニング」そのものである。

さきにPART2で、楽しく基礎レベルの電気実験をするための「手振り発電パイプ」と「巻線機ジョイ」を紹介した。この二つは、厄介で困難だった電磁誘導の実験を楽しく、よく分かる、鮮やかな実験を実現する、いわば魔法の杖である。難攻不落のバリアを越える。すると、その先は、軽やかに進んでいける。

以下では、手振り発電パイプや巻線機ジョイを自由自在に作り、使うための部品を紹介したい。

楽しくなる電気実験をサポートするために、乾電池とハンドダイナモの電源を見直すことからはじめたい。

理科の実験は、自分で料理を楽しむことに似ている。

CHAPTER

1 手元に置きたい乾電池ユニット

電源がなくては電気の実験はできない。だから、まずは手近にある乾電池を電源ユニットにしておきたい。

乾電池で電源ユニットを作っておくと、いつでもどこにでも持ち運びもできるので重宝する。単一乾電池1個は1.5V。2個直列で3V、3個直列で4.5Vになる。これを1ユニットとする。

1ユニットは、乾電池ボックスを3個ならべて、木板の上に接着剤か両面テープで固定して直列に接続する。

乾電池ボックスのマイナス（－）と、もう一つのボックスのプラス（＋）を半田づけすればよい。これを2ユニット用意すれば、1.5V間隔で9Vの電源になる。3ユニット作ると最大13.5Vの直流電源になる。

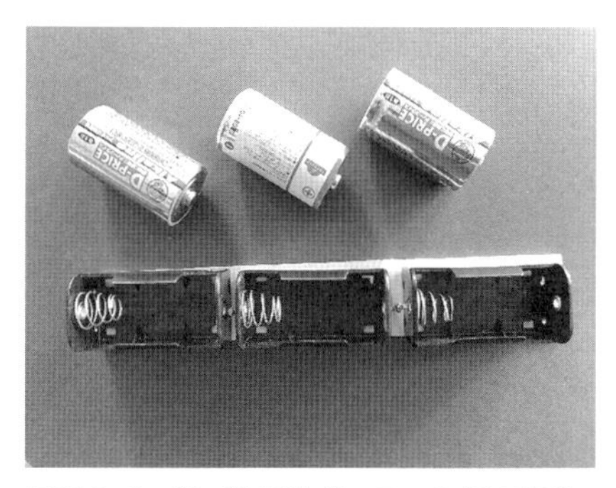

写真 1-1　単一乾電池ボックス3個の直列接続したユニット

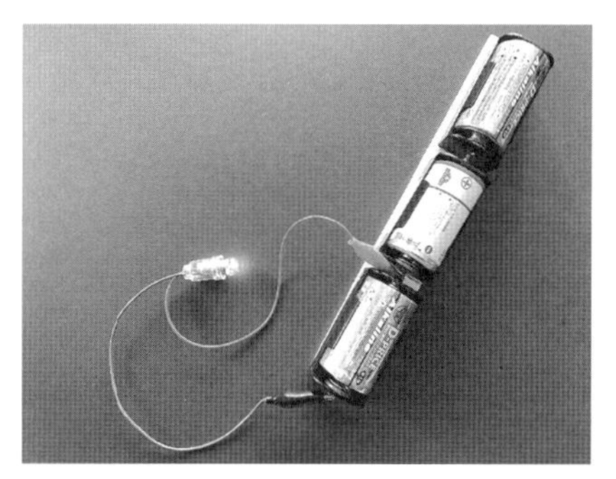

写真 1-2　接続のしかたで1.5V、3V、4.5Vの電源になる

これなら乾電池の電圧は、よほど頻繁に使っても半年以上、間隔があいた使い方をするなら1年以上も安定的に得られる。

バイク用や自動車用蓄電池も直流電源として使えるが、自然に放電するので充電を気にしなければならない。

写真 1-3　12V の LED 電球を乾電池ユニットで点灯している様子
乾電池 5 個（7.5V）以上で点灯することが分かる

乾電池が消耗すれば取り換えは簡単でメンテナンスも不要である。思い立ったとき、すぐに使える低価格の安定した直流電源になる。ぜひとも用意しておきたい機材である。

1-1　進んだ取り組み

このユニット 1 個でも、直流電源が必要なときすぐに役立って、じつに重宝する。

これを 2 個、3 個を用意しておくと 2 個で 9V、3 個で 13.5V までの電源になる。

写真 1-3 は、この乾電池ユニット 2 個を直列接続している。12V の LED 電球が 9V でも点灯する様子を示している。

1-2　工夫の勧め

この乾電池ユニットにマグネット・シートを貼り付けると、スチール黒板に吸着させてディスプレイできる。いまではホワイトボードもスチール製である。これにも吸着できてディスプレイすると、効果的な演示実験に活用できる。

CHAPTER

2　2個は持ちたいハンドダイナモ —商品名「ゼネコン」

日本国内では、商品名「ゼネコン」で株式会社ナリカ（以下、ナリカ）が販売している。これは最低でも2個を手元に置いていたい。

出力は直流0～12V。小型の手まわし発電機としてハンディで扱いやすい。筆者が約50年前に理科実験器具として欠かせないものと思ったことから、当時の中村理科、現在のナリカに紹介した経緯がある。そのとき手にしたモデルが、いまだに現役で実験に使えるすぐれモノである。

ただし歯車部分がプラスチックであるため慣れない人が急なハンドル回転をすると、たまに壊れることが報告されている。補修用の歯車も供給しているようだが、機械装置を使うため初歩的な配慮は欠かせない。特にわんぱくざかりの子どもたちに初めて使わせるときには、この種の機械装置の使い方を練習させる必要がある。

ゼネコンは、すでに使われはじめて半世紀が経過するが、いまだに使用価値は続いている。以下、本書ではハンドダイナモと記す。

ハンドダイナモは、海外でも米国やシンガポールなどで早くから使われてきた。これまで長く筆者が交流を続けてきたタイでは、バンコクのIPST研究所が2019年に理科実験にふさわしいハンドダイナモを開発している。

写真2-1　ハンドダイナモ
商品名「ゼネコン」（筆者が長く使っているモデル）

すでにタイ国内のワークショップなどで使われはじめている。このタイ・モデルのハンドダイナモはタイとアセアン地域から普及す

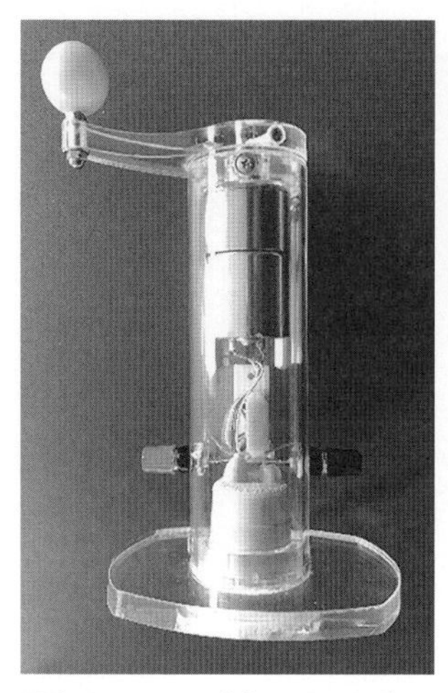
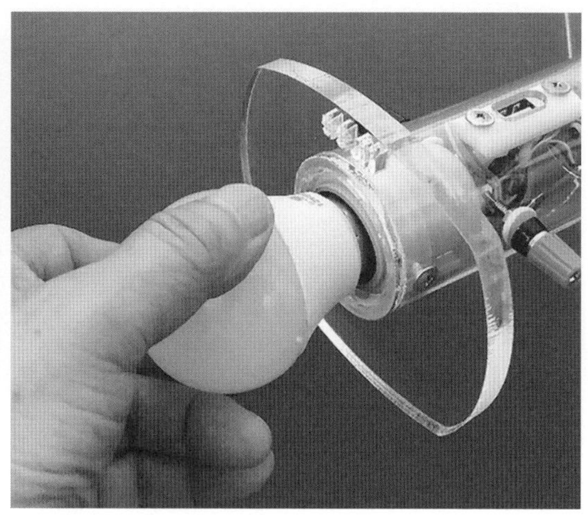

写真 2-2　タイ製のハンドダイナモ、底部に E26 の口金がある

ると思われる。いずれ日本にも登場するのではないだろうか。

商品名ゼネコンのハンドダイナモは小型の差し込み口がある。

その部分に接続コードを差し込む。接続コードの先端にワニ口クリップがついている。

それに対してタイ製のハンドダイナモは、透明パイプの両側に接続ターミナルがついている。ここにリード線を接続して使う。直流モータに金属製ギャーがセットされて上部のハンドルを回転させる。底部に E26 の口金が組み込まれていて、12V の LED 電球がセットできる点が特長である。

いずれにしても、ハンドダイナモは最低 2 個を用意する。2 個のハンドダイナモ A と B を接続コードでつなぐ。A のハンドルを回すと B のハンドルが回転する。A のハンドルを逆に回すと B のハンドルの回転も逆になる。

B を回すと A が回転する。つまりハンドダイナモは発電機－直流の電源にも、また外部からの電源をつないでモータにもなる。可逆機構である。この 2 個の接続をする実験は、長い導線を使うと、効果的で印象的な実験になる。

参考事項

2023年2月の時点で、ネットで「ゼネコン」をチェックすると、つぎのような情報が得られる。

ナリカ ゼネコンDUE（手回し発電機）¥21,450（税込）販売単位：1セット（10個)。申込番号：JE74288 型番：B10-2632-10――つまり2個当たり約4千円である。

リレー・コラム／なぜ電磁誘導は難しい題材だったか？

3 磁石とエナメル線、この二つが電気をつくる一これが身近に無い

電磁誘導が難しい題材だった原因には、モノの要因がある。

1780年、カエルの足の中に電気が起こるのを見つけて、検流計（ガルバノメータ）に名を残すガルヴァーニの発見。そして1831年、コンデンサーの静電容量の単位、ファラッドに名を残すファラデーの電磁誘導の発見。電気の源流は、これらにさかのぼる。だから理科学習には電磁誘導の題材が欠かせとされてきている。

今日、日々の暮らしと社会活動に無くてはならない電気は、磁石とエナメル線で電気は発生する。しかし、その原点である電磁誘導を実験観察するためのモノ、磁石とエナメル線の入手が誰にでも簡単にできないでいる。この状況こそ打破しなければ、電磁誘導の難しさは解決しない。

本書のPART2とPART3の内容は、なんとかしてこの状況を打破したい思いで取り組んできている事例を紹介している。

円形の強力磁石は100均ショップのダイソーで入手できる。が、エナメル線は1kg巻きを学校出入りの教材屋さんから購入する。あるいはネットでチェックする。もう一つは、筆者らのOES研究所・岸和田工房に問い合わせていただくとよい。

モノが身近にあること。それもたっぷりと持っていること。これが実験・観察を楽しむための基本である。

CHAPTER

3 LED豆電球の普及で使うソケット4個ユニット

ハンドダイナモと乾電池の電源ユニットが用意できたら、つぎは負荷（ロード、load）である。

これには、以前から豆電球が使われてきた。もっぱらフィラメント型の豆電球だったが、現在ではLEDの豆電球が広く普及している。

乾電池の3個直列ユニットと同じように、豆電球ユニットを制作しておきたい。

豆電球ユニットも既製品で市販されているものがある。しかし、写真のようにプラスチックの空き容器を使えば、低価格の材料で手づくりできる。

豆電球ソケットを固定する穴あけ作業は、熱した半田ごてを使えば簡単である。容器のフタの部分に4か所のターミナルを出している。

豆電球ソケットのリード線は、**写真3-3**に見るように裸の銅線に半田づけして接続している。銅線をカバーの表面に取り出す小さな穴も半田ごての先端を使ってあける。

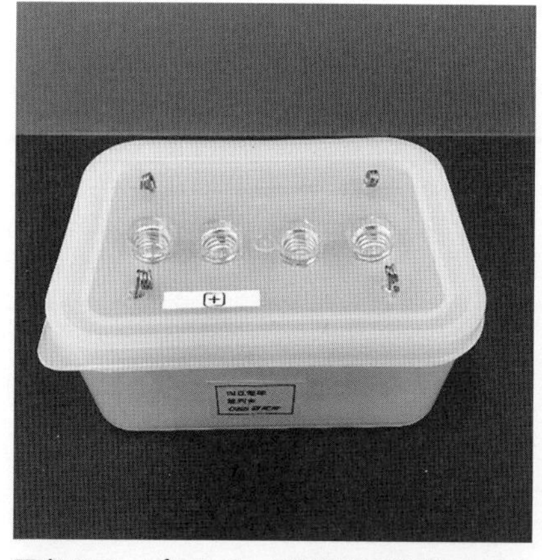

写真3-1　プラスチック容器の豆電球ユニット

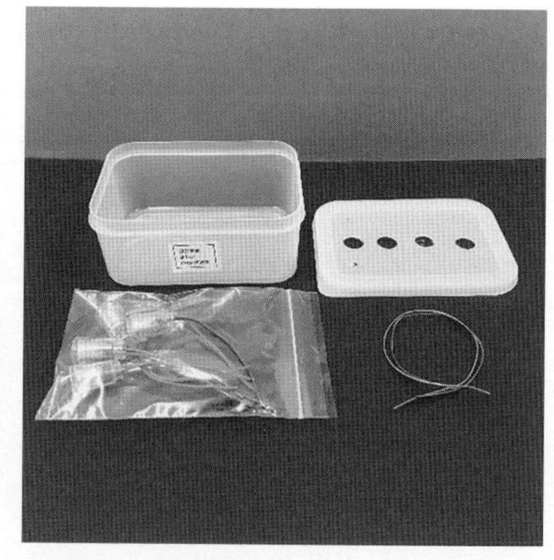

写真3-2　その材料キット

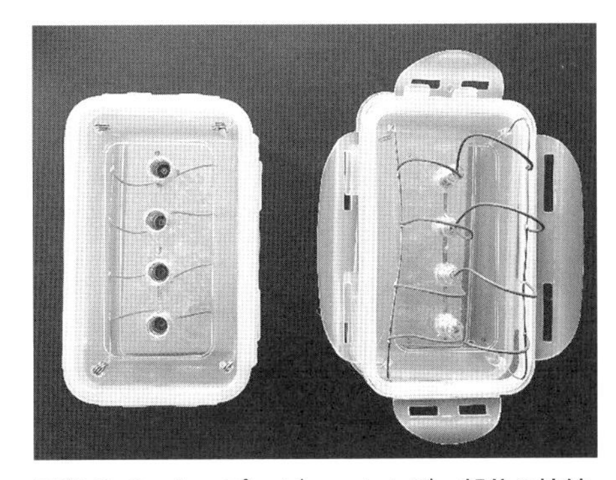
写真 3-3　トップ・ビューとカバー部分の接続

銅線を取り出したあと、ラジオペンチの先端を使って 2 〜 3 回巻きつける。それでターミナルになる。

何個の豆電球を使うかは、悩ましく迷うところである。3 個では少しすくない。4 個が妥当と思われる。これも 1 ユニットではなく 2 〜 3 ユニットを用意しておくのが望ましい。

小中学校の工作クラブで制作することや、技術家庭科の制作活動の題材として子どもたちに作らせると必要な数量を用意できる。

STEM 教育は、そのようなモノづくりを推奨しているのだから、ぜひ取り組んでみてほしい制作課題である。

使い方として、まず 1 ユニットは、従来のフィラメント型の豆電球をセットする。

もう一つ別のユニットには LED 豆電球をセットする。この二つのタイプで、ハンドダイナモを接続して点灯実験する。

この実験で必要な電気エネルギーの極端な違いが体感できる。LED の省エネルギー効果を考えるための格好の実験観察になる。

3-1　工夫と参考にしてほしいこと

プラスチック容器は、コンビニやスーパで各種サイズが出回っている。所望の大きさのもので制作しておくと、活発な実験活動に活用できる。

この豆電球ユニットも底面にマグネット・シートを貼り付ける。それでスチール黒板にディスプレイして演示実験できる。

これで演示実験する先生は両手が自由になる。教室を歩いて回りながら説明や指示ができる。

3-2 さらに進んだ取り組み

同じようなプラスチック容器を使って、4個の豆電球台の制作準備をした後、直列接続をしたユニットを作っておきたい。そうすれば並列接続と直列接続の違いを実験観察できる。

リレー・コラム／なぜ電磁誘導は難しい題材だったか？

4 モノつくりは STEM 教育の基本—

本リレー・コラムに記している課題解決のほとんど唯一の方法は、モノつくりである。ただモノつくりは、大多数の人にとって馴染みがない。道具、スキル、経験も無いのだから当然である。

それに対して、まるで疲れを知らない助手のように即座に言うことを聞いてくれるモノ、すなわちスマホやタブレットを持っていて特別困ることはない。だから、ますますモノつくりに手を出さなくなる。

障害の一つは、モノ、つまり実験機材は予算を獲得して購入するものだ、という思い込みがある。残念ながら予算や財源が潤沢な学校や先生は少ない。自分のポケット・マネーを出してでも実験機材を制作することを楽しみ、子どもたちをハラハラ・ドキドキする実験観察で喜ばせる先生は、もはや見つけるのは困難な少数となっている。

したがって、この傾向と状況は一層深刻である。

よほど決定的で効果的、印象的なモノつくりを経験しない限りは、この事態を変えることはできない。だれでも簡単に取り組めて、すぐに印象的な実験に使えるモノでなくてはならない。

STEM 教育の潮流は、そのためのよい機会である。にもかかわらず、STEM 教育を主張する風潮には、いっこうにその傾向が見られない。まさに不思議な事態である。

本書の PART2 と PART3 は、その傾向に風穴をあけるための入門編である。

CHAPTER

4　LEDの省エネを実感する―車の方向指示の小型電球

いまやカー用品のテール灯、ウィンカー灯のランプの類は、ほとんどがLEDになってきている。従来のフィラメント型ランプは、もはや影が薄い。

ネットでチェックすると部品販売するショップが多種多様なLED発光球を出している。ネットでLEDランプを注文するとき、あわせてLEDランプ用のソケット部品も購入したい（**写真4-2**と**写真4-3**）。

これらは、いずれもねじ込み式のエジソン口金ではなく、エジソンと電球発

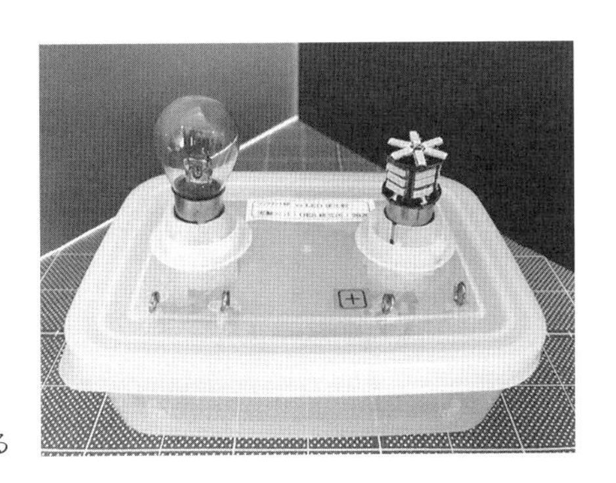

写真4-1　カー用品の白熱球とLED球の実験台
プラスチック容器にホルダーを固定している

写真4-2　車のシグナル用LEDランプ

写真4-3　シグナルランプなどのソケット

明を競った英国人科学者のスワンにちなんだスワン口金である。

スワン口金は左右に小さな突起が出ていて、ソケットにはスプリングがある。

ランプをソケットに押し込んで、少し右に回して固定する。車やバイクの振動に強い固定ができる。

4-1　12V球の実験ユニットの作り方

すでに「CHAPTER3　LED豆電球の普及で使うソケット4個ユニット」で使用例を紹介したプラスチック容器をここでも使っている。

1. プラスチック容器のトップカバーに電球のソケットの穴を開ける簡便な方法は、やはり熱した半田ごてを使う。
2. ソケットのリード線をカバーの表面に取り出す小さな穴を開ける。これにも半田ごての先端を少し当てるだけで、意外なほど簡単に開けることができる。
3. ソケットのリード線と裸銅線を接続して、銅線を表側に取り出し、ラジオペンチの先の細い部分で2～3回小さい輪を作ると、それがターミナルとして使える。

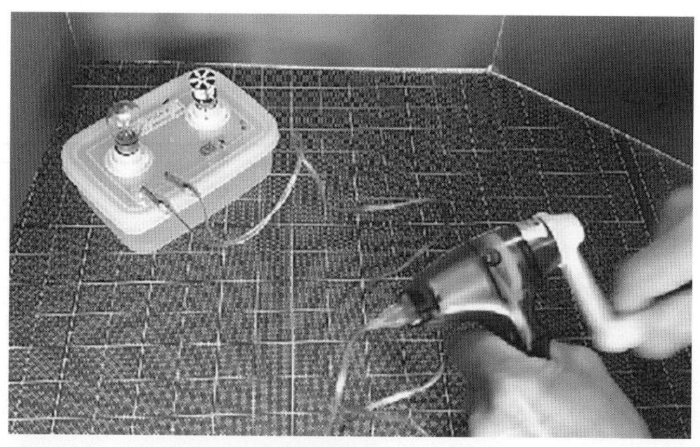

写真4-4　ハンドダイナモで点灯実験を
LEDの省エネが実感できる

CHAPTER

5 LED 素子を直視する 12V の LED 電球

LED 電球が急速に普及して家庭や学校、企業で、もはやこれまでの白熱電球を見ることは少なくなった。21 世紀に入って、わずか 10 数年の間に、白熱電球が LED 電球に急速に置き換わる状況である。これこそ STEM 教育が標榜する科学の現代史の格好の話題である。これを、どのように日常の授業に取り入れていくか、特に理科を担当する先生たちの頭脳と腕の見せ所ではないだろうか。

ここでは、そのための話題の素材のいくつかを紹介したい。

5-1 LED 素子を直接に目にすること

電気の基礎実験の要諦は、安全第一である。その一方で、いたずら心を発揮して、アレコレと試してみる好奇心も欠かせない。

CHAPTER4 で紹介したカー用品の LED シグナル用ランプは 12V である。これは車のバッテリーを使わなくても、ハンドダイナモで点灯させるのが理科の実験にふさわしい。**写真 4-2** で紹介したランプの LED の数は、側面に 3 個 × 6 面で 18 個。トップに星型に配置された 6 個、計 24 個の LED 素子がある。

ハンドダイナモを回すと、これらの LED 素子の点灯状態を安全に、落ち着いて繰り返して観察できる。では、家庭用の LED 電球は、どのようになっているか、である。電気店や日曜大工用品店で、じつに様々な LED 電球が入手できる。価格も普及に伴って低価格が実現している。

写真 5-1 はタイなどアセアンで販売されている、比較的安価な家庭用（太陽電池利用）の 12V の LED 電球である。これなら気軽にカバー部分を切断して、点灯実験に使うことができる。残念ながら日本では、数千円以上する。

もちろん、日本でも家庭の 100V での照明用 LED 電球は、かなり安価になっ

写真 5-1
タイで入手している 12VLED 電球（口金サイズは E26）
プラスチックのカバーをはがしたもの
6 個の LED 素子が見える

ている。それを入手したら、口金部分を金切りノコで丁寧に切り取る。カバー部分をはがして、LED 素子を見ることができる。カバーは目に直接 LED の強い光が入ることを防ぎ、明るさを拡散して照明効果を高めるためのものである。

LED 電球の特色の一つは、このカバーを取り除いても点灯することである。

5-2 白熱電球の発光方式を考える

ここで、二つの素朴な疑問が生まれる。

一つは、では長く使われてきた白熱電球の点灯方式、つまり発光の仕組みは、どうなっていたのか？

もう一つは、LED は Light Emitted Diode の頭文字が示すようにダイオードである。だから直流で点灯させるのが前提であり、原則である。それにも関わらず家庭用の LED ランプは、100V の交流電源で点灯する。その理由はなにか？

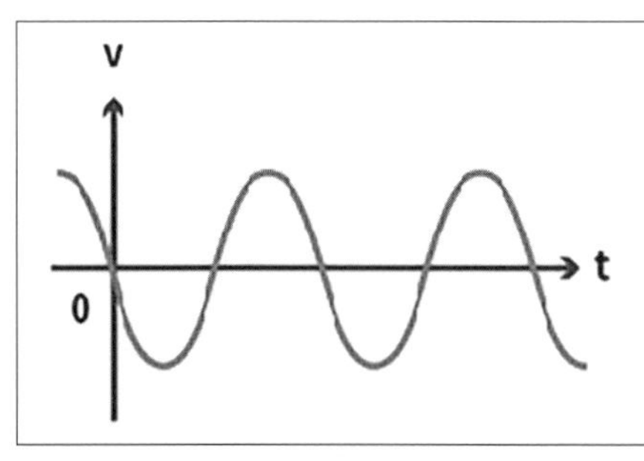

図 5-1 交流の正弦波の例

後者の答えは簡単である。LED 電球の口金部分には、交流を直流に変換する回路が仕込まれている。ただし、LED 電球は低い電圧であることを前提に交流でも点灯する。なぜなら日本の家庭向け交流電源が、関東地域は 50Hz（ヘルツ）、関西地域は 60Hz（ヘルツ）である。

50Hz は 1 秒間に 50 個、60Hz は 60 個の正弦波の交流である。50Hz ならプラス（+）側に 50 回、マイナス（−）側に 50 回の波形を持つ。例えば 50Hz の低電圧の交流に LED 電球を接続すると、おおむね点灯する。しかし、1 秒間に 50 回のプラス側の電圧で点滅をしていることが、私たちの目には点灯しているように見えるのである。

前後するが、先の疑問「白熱電球の点灯方式、発光の仕組みは？」については、白熱電球を発明したエジソンが京都郊外の八幡の真竹を使ったというエピソードがある。毛髪のように細くした竹を炭化させてフィラメントとして使って、はじめて千時間以上も点灯する電球を発明したとされている。

その後、フィラメント材料にタングステンが使われ、真空状態のバルブ内にアルゴン・ガスを封入するなどの工夫で、長時間の点灯が可能になったのである。いずれにしても抵抗の大きな材料を使って、電流の発熱による発光を利用している。省エネルギーの観点から LED のほうが遥かに優れている。

このような経緯は、明かりの歴史を学ぶ題材として STEM 教育の展開と題材化として推奨したい。

CHAPTER

6 確保していたいエナメル線とコイル用ボビン

電磁誘導の実験に必要なモノは、エナメル線と磁石の二つである。この実験が厄介なものだったとすれば、身近に使う材料が無かったことが原因である。

磁石は、前に述べたように 100 均ショップで入手できる。だがエナメル線には馴染みが無かった人が多いと思われる。

6-1 たっぷりの材料を用意したい

数か所の教材店は、いずれも 1kg 巻きエナメル線を販売している。これが最も使いやすい。ただ難点は銅の価格高騰の影響もあって、かなり高価格の感じがしている。

筆者らがボランティアで運営している OES 研究所では、**写真 6-1** のように 30kg 巻きエナメル線を購入している。これで少しは低価格で 1kg 巻きを頒布できるようになっている。

写真 6-1
太さ 0.45mm の 30kg 巻きエナメル線
市販の 1kg 巻きエナメル線
そして、数メートルのエナメル線（OES 研究所で）

6-2 ボビンの入手

ボビンについては、すでに市販の小ボビン「P-2G」と大ボビン「P-5G」の 2 種類を PART2 の**写真 5-4** で紹介している。筆者は、このボビンに行き着くまで五里霧中だったが、ネットで「オヤイデ」にたどり着いた。

オヤイデは神田秋葉原の電気材

料店で、様々なサイズのボビンを扱っている。オヤイデ電気とは、漢字では小柳出電気と記すとのこと。ここから割安になる100個をネットで購入して使っている。これをOES研究所の岸和田工房から10個単位で頒布している。

6-3 思いついたとき、それが「グッド・タイミング」—実験準備と予備実験のために

教育現場は、多忙な日々である。時間があるときに実験の準備をするとか、余裕が生まれたときに予備実験をする、というのでは先のばしが続く。結局は見送ることになってしまう。思いついたとき、そのときにチョコッと試してみる。

それが実験観察の極意の一つ。チャンスを逃すと次の機会はない。ぼんやりしていたアイデアは、いつの間にか消えて無くなる。だから、必要と思われる材料はたっぷりと身近に用意していたい。

その点、巻線機ジョイを備え、たっぷりなエナメル線とボビンを用意していれば、アイデアが浮かんだときに、直ちにハミングしながら巻線作業ができる。それでストレスも霧散して一石二鳥の取り組みになる。

CHAPTER

7 2種類のボビン用—巻線機ジョイのシャフト

巻線機ジョイを大小2種類のボビンにエナメル線巻きするためのアタッチメントとして特製のシャフトを考案している。

巻線機ジョイで、手振り発電パイプのコイル巻き作業をするのは、いわば応用編である。いずれの場合も、ベース部分と本体は同じものである。

シャフトにセットする「P-2G」と「P-5G」の大小ボビンの固定方法は、よりシンプルなものを目指して、改良を続けている。その最新型が**写真7-1**に示すものである。

シャフトは太さ12mmの長ネジ。これを約30cmの長さに切断している。

写真7-1で「1」から「6」のパーツを順にセット。両サイドの蝶ネジ「6」を締め込むとボビンは軸に固定される。そして両袖の穴径15mmの木板の支持板を通して、写真「3」を蝶ネジ「8」で固定する。シャフトの右端に木のハンドル「7」を取り付ければセットは完了する。

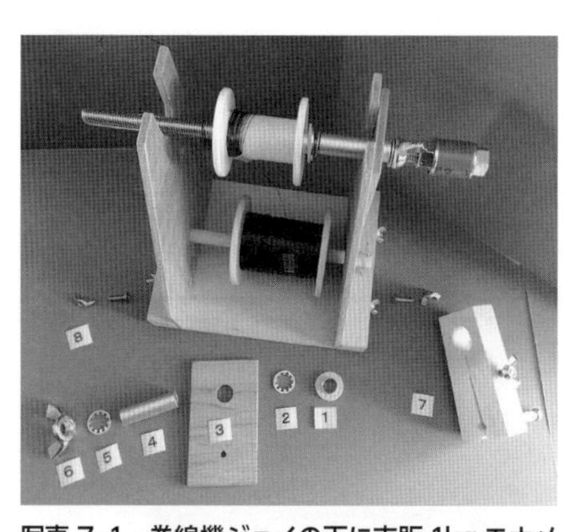

写真7-1 巻線機ジョイの下に市販1kgエナメル線、上に「P-2G」ボビンをセット

ネジのシャフトが「P-2G」ボビンの軸穴を通したネジのシャフト軸が左側に出ている
下の「1」～「6」は、シャフト軸に左側から番号順にセットするパーツ

ポイントは空のボビンを固定する特製金具－ボビン固定円盤。これは**写真7-1**で「1」としているパーツで、この部分をクローズアップすると**写真7-2**になる。

この特製金具には、穴の径12mmの平ワッシャを用意。これに太さ12.5mm、外径15mmのアルミパイプを長さ5mmでカットして瞬間接着剤で固定。平ワッシャ部分にリング状にカットした2mm 厚の滑り止めシートを貼り付けている。この滑り止めシートは、100 均ショップで購入。事前に 15mm ポンチでたたいて穴あけをしている。

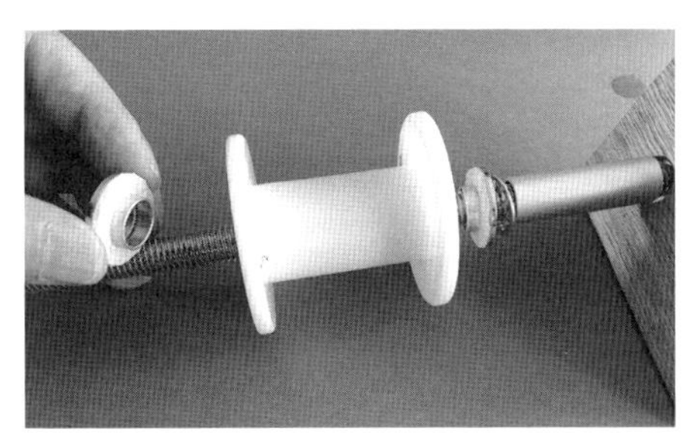

写真 7-2　シャフトにセットした「P-2G」ボビンを左右から締めつける特製金具

この組み立ては、慣れないうちは手間がかかるかも知れない。多少の煩わしさを経験すれば、少し使っているうちに、たちまちハミングでコイル巻きできる。巻線機ジョイとして手放せなくなる。

後述するように、岸和田工房では「P-2G」ボビンをセット済みにして「巻線機ジョイ」として頒布している。

リレー・コラム／なぜ電磁誘導は難しい題材だったか？

5　STEM 教育への対応―巻線機で 2 個のコイル巻きをする実験

STEM 教育を意義あるものにする。多くの理科の先生たちは、これに苦心している。

それには、ほとんど唯一といえる方策がある。スマホをかざして支払し、IC カードでバスの乗り降り、改札口の通過ができる。これらの原理につながるシンプルな実験と観察を工夫することである。

具体的には、本書で紹介する巻線機ジョイで 2 個のコイル巻きの事例である。

一つのコイルに鉄棒を立てておく。これに小型トランスから 10V 程度に接続する。LED 豆電球を接続した別のコイルを鉄棒に挿入すれば、LED 豆電球が点灯する、という安全で素朴な実験こそ、決め手の一つである。

手作りの機材で鮮やかな実験観察できる。そして基礎レベルの電気・磁気を学ぶ意義の深い理解につながる。

CHAPTER

8 電動ドリルを使う―電動式「巻線機ジョイ」

もし読者の方が、本格的なコイル巻きをするなら電動式の巻線機が必要になるかも知れない。そんなときは、ここまで紹介してきた「巻線機ジョイ」に、特製アタッチメントを取り付けて、所有されている電動ドリルをセットすればよい。

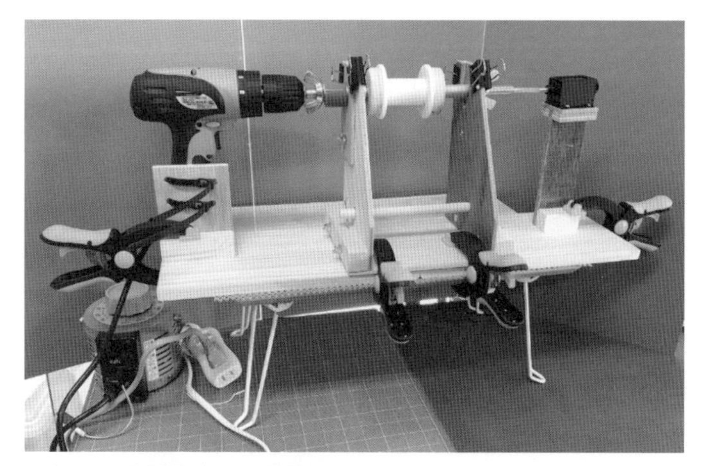

写真 8-1　巻線機ジョイを電動型にする

エナメル線の巻き取りスピード・コントロールは、スライダックを使う。

写真は、その実例である。巻線機ジョイの本体と支持軸をそのまま使っている。支持軸の右端に、巻き取り数を計数する数取器をセットしている。これで巻き数を数えることから開放される。

巻線機ジョイを二つ折れする木板に乗せて、それを小型の折り畳みデスクに簡易バイスで固定している。巻線機ジョイは、さきに書いたように弁当箱程度に収まる。そのため写真のフルセットも小型のプラスチック・ボックスに収納できる。

リレー・コラム／なぜ電磁誘導は難しい題材だったか？

6　STEM 教育の実験観察は、料理つくりと似ている

野菜や肉を吟味して購入する。自然栽培に気をつけるなら、それらを自家生産する。

マーケットで買うにも、よほど納得して買い入れる。それをまな板や包丁などの調理器具、ガスや電気の料理機材で煮炊きする。慎重に調味料を加え、料理皿に盛りつける。

一方では、即席のインスタント食品も出回っている。何かと便利、重宝することがある。しかし、これだけに頼ると、料理つくりの失敗や楽しみは経験できない。

STEM 教育の実験観察も、これと似ている。できあいのフル・セットの実験器具を使えば、決まりきった実験結果と結論に到達する。が、それだけに頼りきると、果たして本物の学びになるのかどうか。

本物（オーセンティック）の学び。あるいはアクティブな学びにはインスタントなモノは役立たない。

では、どうするか？　お勧めは何か一つ得意な題材を決めること。そして息ながく取り組むこと。長距離をゆっくりと楽しむ気分になることである。そして、それが長い人生のライフ・ワークになっていくことが望ましい。

現実には、多忙な日々のこと。その場かぎりの思いつきで取り組むことが多い。その中で「これ！」というもの出会う機会がある。それがチャンスである。本書の PART2 と PART3 も、そのような機会とヒントになればと思う。

関連事項・参考図書

関連事項：巻線機ジョイを使ったワークショップ

本書に述べた巻線機ジョイは、すでに日本国内と海外のワークショップで使ってきている。国内外の先生たちに巻線機ジョイが、どのように受け止められているか、その概要を記して参考に供したい。

国内も海外も、いずれも誰も思いもしなかったCOVD-19と言われるコロナ禍が始まる2019年のことだった。

その1

国内は2019年7月と8月にナリカが実施している「サイエンス・アカデミー」と称する現職教師向けの研修プログラムがある。

これに新しく「楽しく役立つモノづくり」コースを開設することになった。

プログラム内容は「LEDが点灯する手振り発電パイプの制作と実験」、および「1000回巻き電磁石コイルの制作」だった。

同社のサイエンス・アカデミーは、東京のナリカの本社の会場までの旅費、滞在費、そして参加費が必要になる。ポケット・マネーの負担でも参加する熱心な先生たちである。参加者は十数名だった。なかには、理科実験が苦手だという人もいる。また一方、地元の先生たちの講師役を務めているベテランの方も少なくない。

それだけに、ここで指導役をするのは、かなり気を使うものだった。巻線機ジョイも手振り発電パイプを使うことも、ほとんど本邦では初のお目見えだった。それでも思ったよりもスムースに予定を進めることができた。みなさん手作りの巻線機ジョイを使った手振り発電パイプを完成された。

なかには、その場で巻線機ジョイを購入して持ち帰りたいという希望者もあった。

筆者らは、このワークショップは初めての経験だった。国内の現役だったとき、教育委員会などのいわゆる「公」主催の研究会などに何度も出ることがあった。ナリカの「サイエンス・アカデミー」ではそれらにはない熱心な雰囲気があり、熱い思いがしたものだった。

その2

これに数か月先んじて、同2019年3月にタイのアユタヤARU大学。ここを会場として、現地の中学校の先生たち30数名の2日間ワークショップを実施した。

それまで毎年、日本の秋から冬にARU大学に滞在して何度もワークショップを実施していた。だが巻線機ジョイで手振り発電パイプを制作して、それを使った実験をするのは初めてだった。

日本で考案した巻線機ジョイを、現地の小さい家内工場で見せて、40数台を制作してもらった。ワークショップの当日は、参加者二人が一組になってコイル巻き作業をした。参加者の半数以上は女性で、彼女たちは生物分野が得意である。しかし物理、特に電気の実験は苦手としている。それでも事前に準備したエナメル線を巻線機ジョイにセット、手振り発電パイプに1000回のコイル巻きする作業は、みなさん20分程度でできた。

その手振り発電パイプにLED豆電球ユニットを接続して、自分の手でLEDが点灯したとき、各グループでは大きな歓声があがったのだった。

参考図書：D. ボダニス著、吉田三知世訳「電気革命」（新潮文庫、2016年）

この図書は、一般向けの文庫本である。

理科教育の参考書ではないし、電気の専門書でもない。一般向けの肩の凝らない読み物で、最初の日本での翻訳版が出版されたのは2007年の早川書房版である。書名は「エレクトリックな科学革命」、副題は〈いかにして電気が見出され、時代を拓いたか〉だった。

それが新潮文庫版では「電気革命」、副題は〈モールス、ファラデー、チューリング〉となっている。

いずれにしても初の日本語版が刊行されて、20年近くが経過する。すでに読んでいる人が多いかも知れない。

この本を推奨するのは、基礎レベルの電気実験のよりどころを知るためだけではない。今日の日々の暮らしと活動に欠かせないコンピュータと、その応用技術への関連を考えるうえで大いに参考になるからである。

前半は、なじみのあるエジソンなども出てくる。大切なのは、後半部分である。特に、本全体の約半分のボリュームがレーダや電磁波の応用、そしてコンピュータの原理に重要な役割を発揮したチューリング、人間の神経系統に働く電気の記述に当てられている。

後半の部分は、小中学校の理科教育に直接の題材にならないかも知れない。しかし、急速に広がる「IoT」Internet of Things、つまり、様々なモノがネットに接続され、情報交換することにより相互に制御する仕組みのデジタル社会、その背景を考えることに役立つ。それらを認識していることが、目の前の子どもたちに基礎レベルの電気実験をすることの意味が深まるにちがいない。

関連資料・情報

OES 研究所・岸和田工房 頒布機材リスト

OES 研究所・岸和田工房では、このリストに掲載している機材を頒布しています。どうぞお気軽にメールにて hitoo-u0811@gaia.eonet.ne.jp にお問い合わせください。

1．お問い合わせいただければ、見積書を送ります
2．営利を目的としないイベントなどでお使いのときは、若干の貸し出し機材もあります
送料・返送料が必要ですが、まずはお問い合わせください
3．品名、仕様、頒布価格など、予告なく変更させていただくことがあります
4．リスト以外で初等レベルの電気・磁気の実験観察機材のご要望があればお知らせください
できる限り相談に応じます

番号・品名	番号・品名
1．手振り発電パイプ（完成品）	11．電磁誘導実験セット
2．4 豆電球ユニット台（3V、LED4 個付き）	12．クランプ（F 型）
3．巻線機（OES-U 型）	13．クランプ（C 型）
4．巻線機（OES-U 型）用 2 タイプ軸受け板	14．手回し発電機（巻線機含まないパーツ）
5．巻線アタッチメント軸［(OES-U 型）用］	15．手回し発電機（巻線機含む）
6．手振り発電パイプ（キットタイプ）	16．シンプルモーター（完成品、クリアーケース入り）
7．エナメル線ボビン（P-2G）約 0.3kg 巻	17．シンプルモーター（キット品、クリアーケース付き）
8．エナメル線ボビン（P-5G）1kg 巻	18．乾電池と豆電球の大型模型（キット頒布）
9．小ボビン（P-2G）	19．12V LED―12V 白熱電球ユニット
10．大ボビン（P-5G）	20．変色点滅 LED ランタン
	21．両端クリップ付きリード線

1	手振り発電パイプ（完成品）	価格 ¥4,000／1組 税込み、送料別

写真

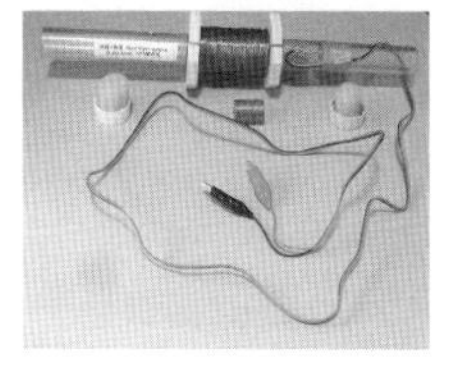

使用例

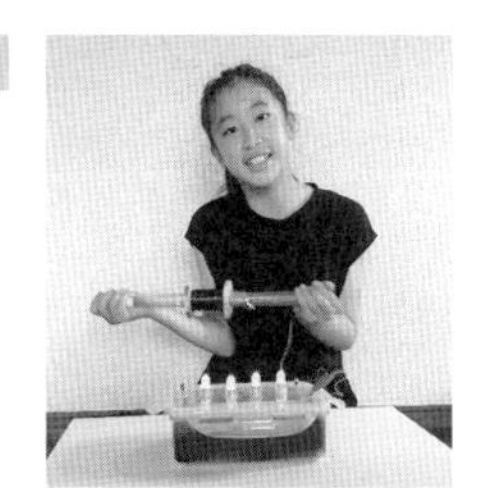

LED豆電球ボックス（負荷）は別頒布品です

手振り発電パイプのリード線をLED豆電球（負荷）と接続し、パイプ内に磁石（5個セット）を入れ、パイプの左右端にクッションスポンジの付いたキャップを装着。パイプ内の空気が出入りするのを手でふさがないようにしてパイプを左右に振る。
磁石がリズム良く早く左右に往復すればLED豆電球が点滅します。

その他

手振り発電パイプのキットタイプ（コイル巻きや、半田づけ作業を自作する場合）は別途の頒布品を用意しています。

2	4豆電球ユニット台 （3V、LED豆電球4個付き）	価格 ¥1,450／1組 税込み、送料別

写真

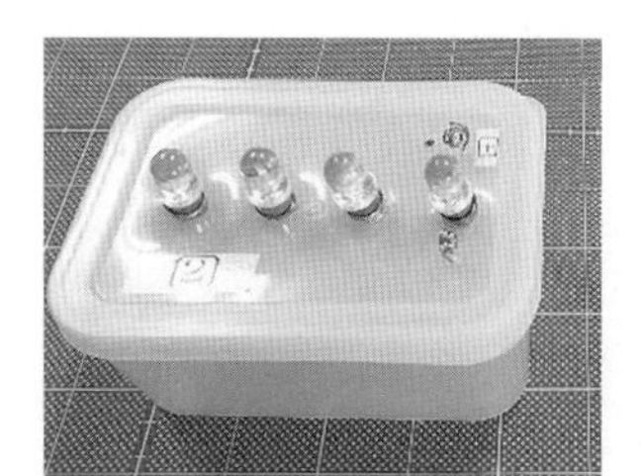

使用例

＊手振り発電実験用負荷
＊電磁誘導実験用負荷

3 巻線機（OES-U型）

価格　¥4,800／1組
税込み、送料別

写真

使用例

手振り発電パイプ（ツバ付き）は別途頒布品
（1,800円必要です）

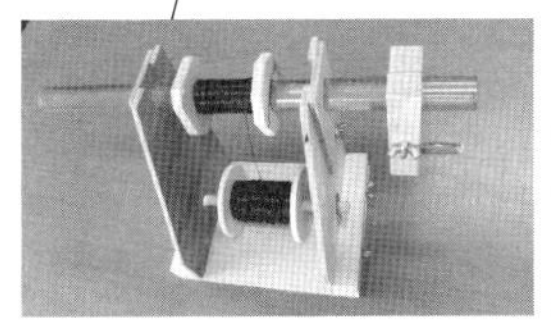

巻線機を使って
手振り発電パイプ
にエナメル線の
巻線例

巻線アタッチメント軸は別途頒布品
（4,200円必要です）

市販ボビンに
巻き付け例

4 巻線機（OES-U型）用 2タイプ軸受け板

価格　¥2,000／1組
税込み、送料別

写真

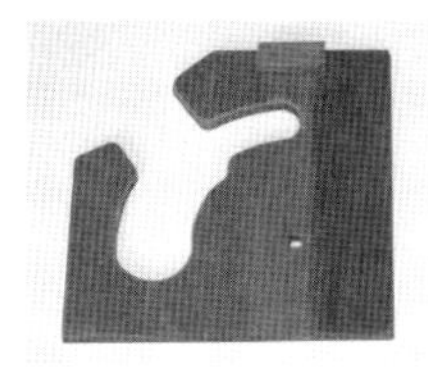

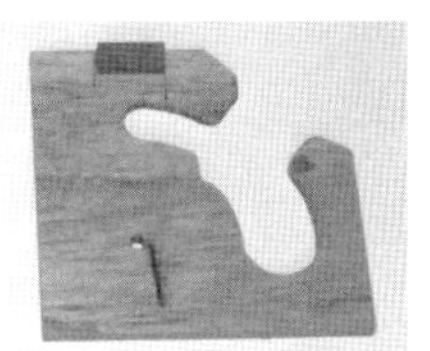

使用例

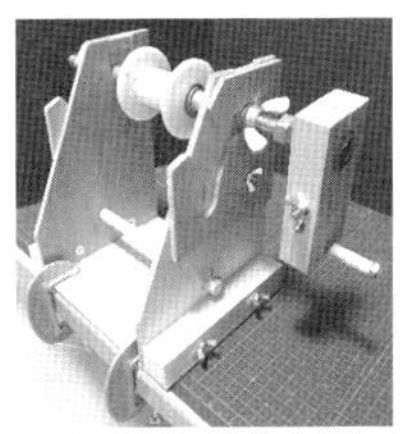

巻線アタッチメント軸の装着と脱着

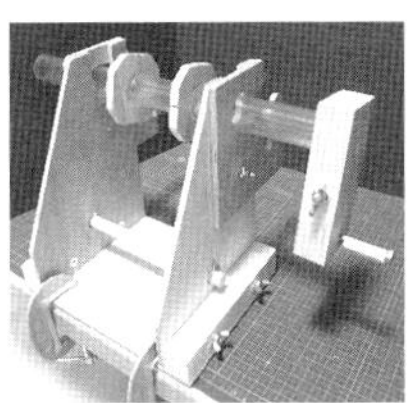

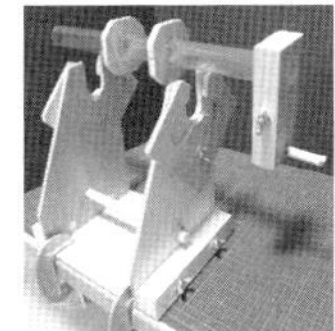

手振り発電パイプの装着と脱着

5 巻線アタッチメント軸 [巻線機（OES-U型）用]

価 格 ¥4,200 ／ 1 組
税込み、 送料別

写 真

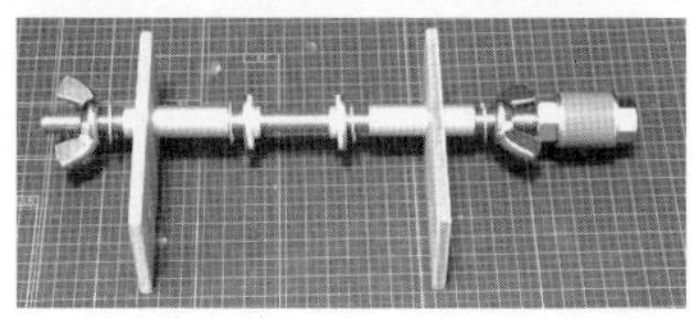

アタッチメント軸組立順図

巻線機付属のハンドル
（当軸に添付していません）

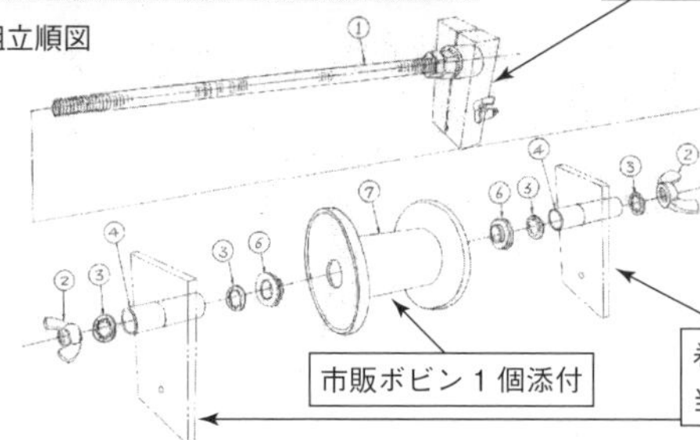

市販ボビン 1 個添付

巻線機へ取り付け用板
当軸に添付（2 枚）

備 考 ⑥のボビン固定円盤は、予備 2 個（1 組）添付します。

6 手振り発電パイプ（キットタイプ）

価 格 ¥3,500 ／ 1 組
税込み、 送料別

写 真

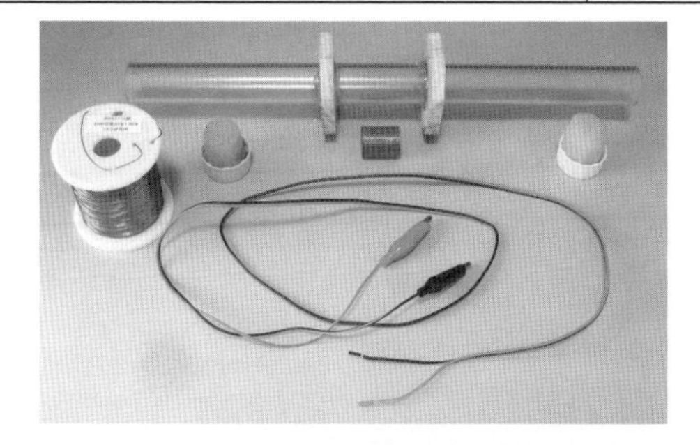

＊エナメル線は太さ 0.6mm です。パイプに 1000 回巻き分の長さが有ります。
＊パイプ中央部のエナメル線巻きつけ部両端の木製ツバは、パイプに接着固定済です。
＊エナメル線巻きつけ完了後、赤黒クリップ付きリード線との半田づけは、お客様にて実施が必要です。
＊パイプにエナメル線を巻きつける作業はお客様で実施しますが、巻線作業が気軽にできる巻線機（OES-U 型）が、頒布品にありますので、ご参考にしてください。

7　エナメル線ボビン（P-2G）約0.3kg巻…線太さ0.45mm又は0.6mm

価　格　¥1,700／1個
税込み、送料別

写　真

エナメル線巻き長さ（参考）
太さ 0.45mm……約 210m
太さ　0.6mm……約 140m

8　エナメル線ボビン（P-5G）1kg巻…線太さ0.45mm又は0.6mm

価　格　¥4,900／1個
税込み、送料別

写　真

エナメル線巻き長さ（参考）
太さ 0.45mm……約 690m
太さ　0.6mm……約 400m

9　小ボビン（P-2G）

価　格　下記
税込み、送料別

写　真

頒布価格

＊ご注文個数は 10 個以上でお願いいたします。
＊一個当たり　70 円

10	大ボビン（P-5G）	価格 下記 税込み、送料別

写真

頒布価格

＊ご注文個数は５個以上で
お願いいたします。
＊一個当たり　150 円

11	電磁誘導実験セット	価格 ¥6,500／1 組 税込み、送料別

写真

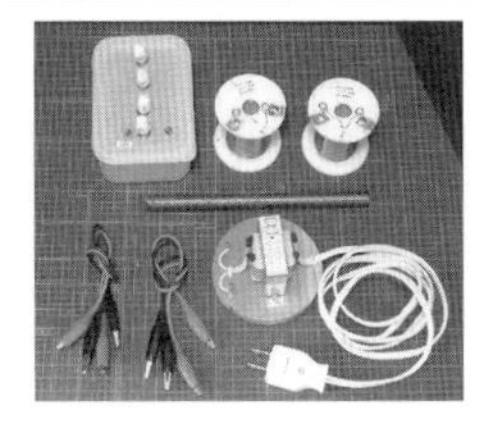

No.	品　名	仕　様	個数
①	４豆電球ユニット	LED 豆電球４個付き	１組
②	エナメル線コイル	P-2G ボビンに太さ 0.45mm エナメル線を 1000 回巻	２個
③	丸鉄棒	太さ 13mm、長さ 190mm	１本
④	変圧器	100 V 電気コード付き、IN-100V、OUT-6.3V	１組
⑤	接続コード	両端クリップ付きリード線（赤２本、黒２本）	４組

電磁誘導実験

下のコイルに通電中に上のコイルを鉄芯に挿入し、下のコイルに近づけて行くと、LED 電球が点灯する。二つのコイル間には電気の接続は無いが、電磁によって上のコイルに電気が流れる。

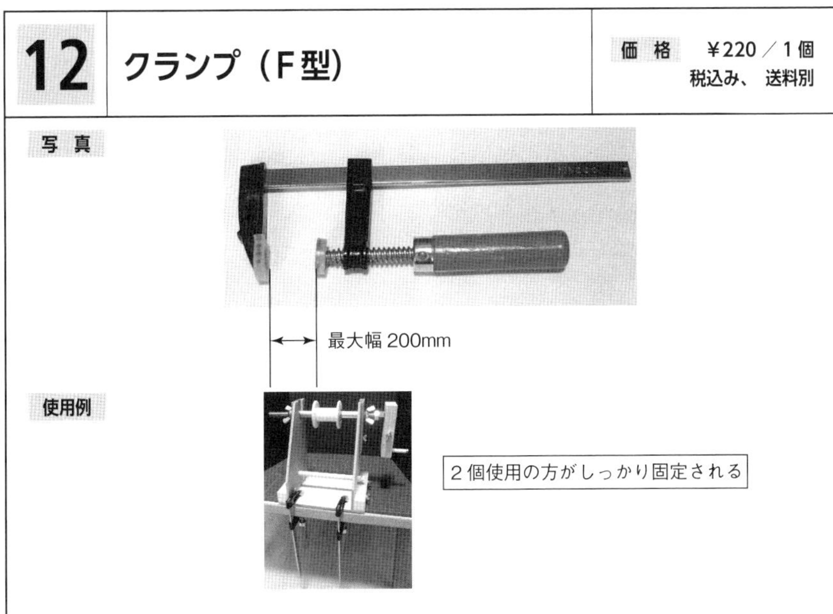

12 クランプ（F型）

価 格　¥220／1個
税込み、 送料別

写 真

最大幅 200mm

使用例

2個使用の方がしっかり固定される

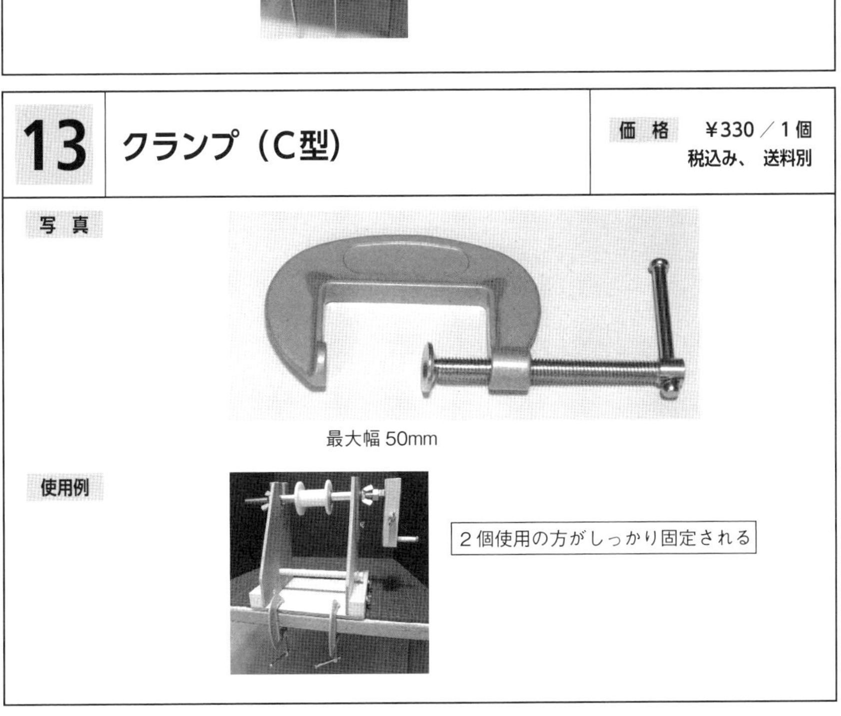

13 クランプ（C型）

価 格　¥330／1個
税込み、 送料別

写 真

最大幅 50mm

使用例

2個使用の方がしっかり固定される

14	手回し発電機 （巻線機含まないパーツ）	価格 ¥8,000／1組 税込み、送料別

写真 巻線機含む

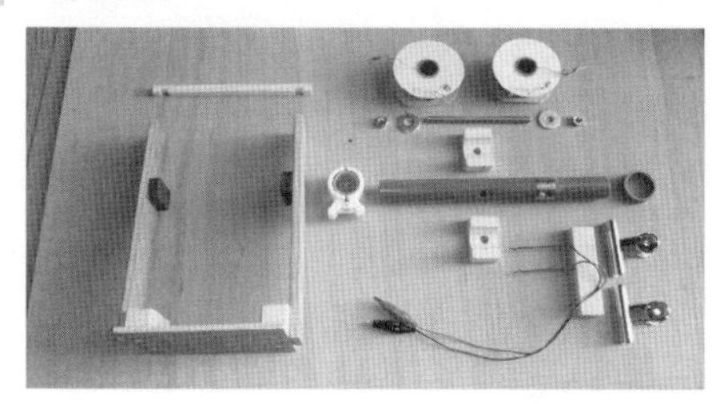

＊巻線機（OES-U型）にセット可能なパーツの為、巻線機（OES-U型）をお持ちでない方は、巻線機のご購入を戴きたくお願いいいたします。

15	手回し発電機 （巻線機含む）	価格 ¥12,800／1組 税込み、送料別

写真 巻線機含む

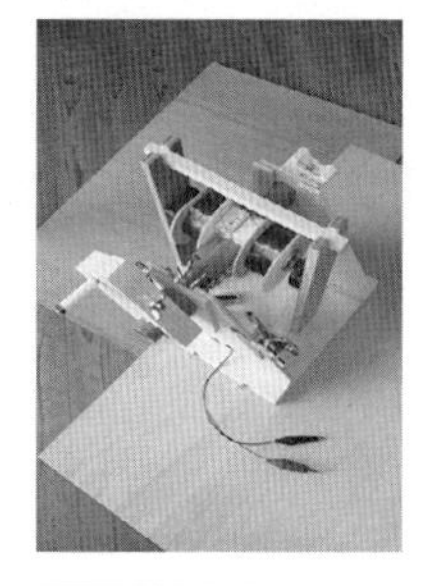

16	シンプルモーター （完成品、クリアーケース入り）	価格 ¥1,300／1組 税込み、送料別

写真

ケース収納

コイル回転中

17	シンプルモーター (キット品、クリアーケース付き)	価格 ¥1,000／1組 税込み、送料別

写真

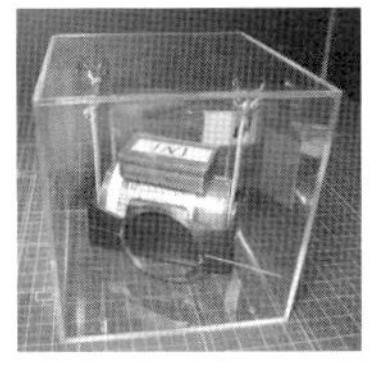

＊コイル作成はお客様で実施ください。
＊コイルの作成詳細説明を添付しています。
＊コイル作成用エナメル線（太さ 0.6mm、長さ 1m）を予備含め２本入り
写真の右上、ケース収納時　　右下、コイル回転中

18	乾電池と豆電球の大型模型 (キット頒布)	価格 ¥1,000／1組 税込み、送料別

写真

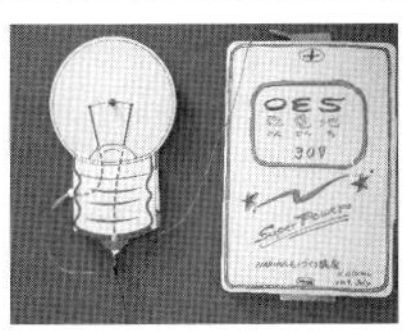

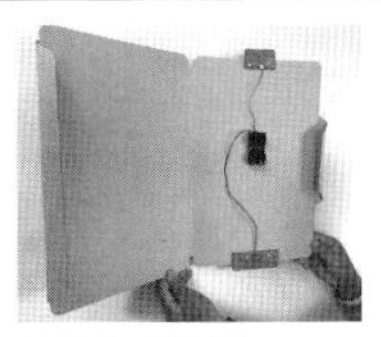

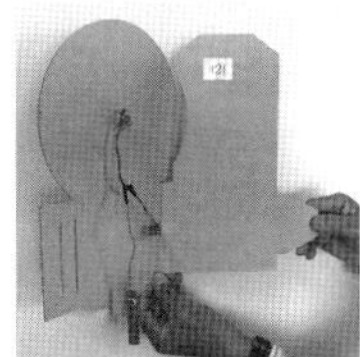

＊銅板のリベット止め、内臓電線の半田づけは、お客様で実施して頂きます。
＊乾電池と豆電球のデザイン、そして彩色は、お客様自身で自由に描いて戴きます。
＊電球模型と乾電池模型の接続用クリップ付きリード線は含まれていません。
クリップ付きリード線は別途頒布品があります。

19 12V LED—12V 白熱電球ユニット

価　格　¥4,500 ／ 1 組
税込み、 送料別

写　真

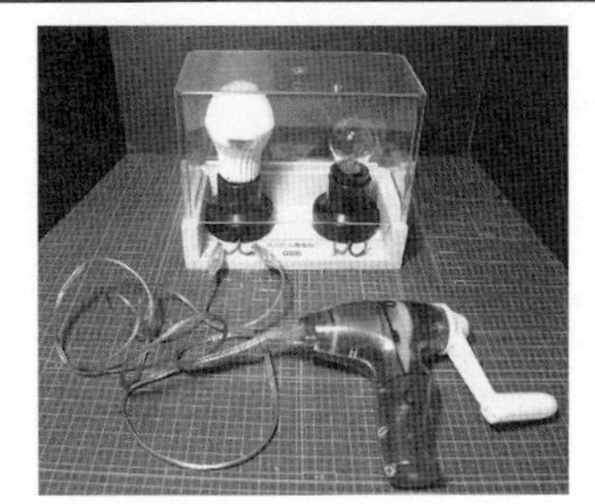

＊手回し発電機含む頒布価格です。
＊LED 電球と、白熱電球をそれぞれ手回し発電機で点灯させるとき、

それぞれの負荷（手回し発電させる力の違い）を実感できます。

20 変色点滅 LED ランタン

価　格　¥1,200 ／ 1 組
税込み、 送料別

写　真

21 両端クリップ付きリード線

価　格　下記
税込み、 送料別

写　真

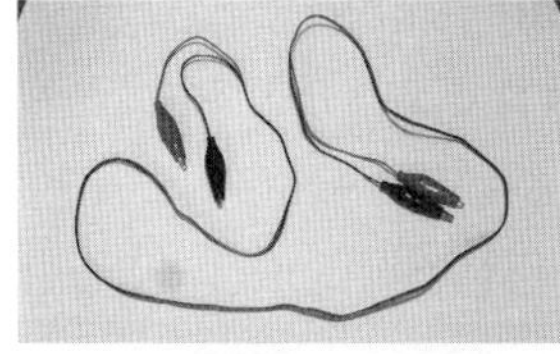

リード線長さ 1.1m品

リード線長さ 25cm 品

頒布価格
リード線 1.1m品 ……¥400 / 1 組
リード線 25cm 品……¥350 / 1 組

あとがき

本書はSTEM教育を目指す理科の考え方、及びその考え方に基づく実験事例をまとめたものです。私は約10年前から、STEM教育の実践手法を参考にして、教材を開発するとともに、その教材の実践、評価を行ってきました。

国内外の学会や論文等で成果発表を行った結果、2015年にThe Fourth International Conference of the East-Asian Association for Science Education (EASE) において論文賞、2016年に兵庫教育大学大学院連合学校教育学研究科学位授与式において学長賞、2017年に日本産業技術教育学会において学会賞（奨励賞)、を受賞しました。こうした受賞は、多くの先生方から御指導と御助言を頂くことで教育研究活動を遂行することができた延長線上にあるものと考えております。そうした発表内容の一部を加筆、修正し、再構成したものを、本書のPART1にまとめています。

また、同時期に数々の実践を行った成果のうち、本書で記載していない内容をJSPS科研費JP21HP5194の助成を受け「発問フレームワークに依拠した理科授業の開発」(山岡武邦著、風間書房2021年刊）にまとめています。

その中で、STEM教育とは断片的な概念を紡ぎながら新しい概念を生成し、疑問が解決されるとともに、新たな疑問が生起されるものであり、自学を含めた継続的学習により高い総合的概念を獲得できる教育のことであると考えるようになりました。そしてSTEM教育は生涯学習の側面も持っているので、学習を楽しく続けながら、その先にある知的好奇心を促進させることが如何に重要か、ということを感じるようになりました。

具体的には、ハミングで口ずさむように実験を行いながら科学的理解も深めるものと言っても過言ではないと思います。この部分を、本書のPART2にまとめています。さらに、PART2で示した電気・磁気実験の展開は、OES研究所“Osumi Educational Support Institute”で開発された実験機材を紹介しています。その詳細な材料と制作プロセスはPART3にまとめています。

このPART3は、理科教育や技術教育関係者だけでなく関連研究者にとって、有力な資料になるとともに、本書の特色の一つとなっています。今後、本書に書かれた内容を、日々の教育実践・教育研究に生かし、学校教育の充実と発展に励んでいきたいと考えています。

最後に、本書の出版に格別の御好意と御尽力をいただいた株式会社東洋館出版社の五十嵐康生さん、上野絵美さんをはじめ同出版社の方々に対して厚く御礼申し上げます。

2023年1月　編集代表者　山岡武邦

執筆者略歴

山岡武邦

1974年、愛媛県越智郡（現、今治市）に生まれる。
愛媛大学理学部物理学科卒業。筑波大学大学院修士課程教育研究科教科教育専攻修了。兵庫教育大学大学院連合学校教育学研究科（博士課程）自然系教育連合講座修了。博士（兵庫教育大学大学院、学校教育学）。公立高等学校教諭を経て、2019年より現職。東海学園大学教育学部教育学科准教授。

本書のPERT2とPERT3は、つぎの梅本と大隈の共同執筆である。

梅本仁夫

1948年、和歌山県日高郡に生まれる。
大阪府立和泉工業高校、機械科卒。
オーツタイヤ株式会社のち、住友ゴム工業株式会社の技術部門でもっぱら機械装置の設計に専心的に従事。同社を定年退職。
2017年以降、OES研究所・岸和田工房を開設、実験機材の研究開発と頒布普及活動などに取り組む。

大隅紀和

1940年、京都市下京区に生まれる。
上記・梅本の母校の電気科教諭などから、京都市青少年科学センター、国立教育研究所、鳴門教育大学ののち、京都教育大学で定年退職。
京都教育大学・名誉教授、タイ国アユタヤ地域総合大学ARU・名誉博士ユネスコ・アジア太平洋地域事務所（UNESCO・SEAMEO）に開設されたSTEM教育センターのシニアエキスパートなど。OES研究所代表。
日本科学教育学会から国際貢献賞受賞（2010年）、現在、名誉会員。
近刊に『未来のイノベータを育てるSTEM教育』PHPエディターズ・グループ、2023年3月刊がある。

STEM 教育を目指す理科―その考えと実験事例―
～楽しい基礎レベルの電気・磁気実験の展開～

2023(令和 5)年 3 月 31 日　初版第 1 刷発行

監 修 者：山岡武邦
著　　者：山岡武邦・大隅紀和・梅本仁夫
発 行 者：錦織圭之介
発 行 所：株式会社　東洋館出版社
〒101-0054　東京都千代田区神田錦町 2 丁目 9 番地 1 号
コンフォール安田ビル 2 階
代　表　電話 03-6778-4343　FAX 03-5281-8091
営業部　電話 03-6778-7278　FAX 03-5281-8092
振　替　00180-7-96823
URL　https://www.toyokan.co.jp
印刷・製本：藤原印刷株式会社
装幀・本文デザイン：藤原印刷株式会社

ISBN978-4-491-05161-1　Printed in Japan